20岁的旅行手记
下一站，会是哪里

黄天遥 / 著

中州古籍出版社

— 本书记述了作者自主旅行的五条线路。从广袤的西北大漠到耀眼的东方之珠,再到色彩斑斓的彩云之南,以及与祖国一衣带水的宝岛台湾。毕业之旅的最后一站终于来到了心驰神往的雪域高原。

— 这些地方并不算遥远,是每个人都可以完成的现实旅行。希望在阅读此书后,没有到过这些地方的朋友能够引起兴趣,已经去过的前辈看看能否发现新奇。

— 梦想的旅行是一个由近及远,循序渐进的过程。若将家乡比作一个放射点,相信这个点发出的光芒会照向更远的地方。

— 20岁,不单单是指20岁这一年,这一年是一个起点。旅行本就没有终点……

20 岁的旅行手记
下一站，会是哪里

厦门·鼓浪屿

自　序

20岁这个年龄我觉得是人生的一个阶段性成长，从这一年起，我终于有了属于自己的旅行，也是从这时起，真正在旅行的每一步中找到了旅行的意义。

我从不喜欢跟从旅行团一起。旅行在我看来是对自由生活所追求的一件事，是对平日束缚的暂时性解脱。虽然开始时的准备工作是艰难的，对于一所城市未知，常常盯着一张陌生的地图研究好久。订到合适的酒店与各种票务更是要多花费些功夫，但我还是愿意自己去完成这些事情。不亲力亲为怎能完全融入其中呢？

有时，我甚至喜欢一个人旅行。虽然会孤单，但总能看到一群人时所不能看到的风景。将来把这些再整理成故事，我想这也可以看作是旅游与旅行的区别了吧！

最近这两年，关于旅行这个话题炒得火热。也有很多人出版了怎样"藏漂"，怎样去"穷游"的旅行日记。鼓动了一些大学生休学、年轻白领辞职上路。一句"世界这么大，我想去看看"更是成了许多人对旅行的定义。关于这些，实在是不好去下结论。每个人选择怎样的旅行方式是一种自由。无论是盛装出行还是风餐露宿，只要选择了踏向自己想要达到的远方，并最终实现了这个目标，都是值得尊重的。只不过是背后的风景不同罢了。到头来留下的经历与回忆才弥足珍贵。

献给所有热爱旅行，初心不忘的你。

此间少年，在路上。

目 录

第一章　敦煌
起点·敦煌 002

第二章　香港
向左，向右，香港 024
一抹色彩，芳华绝代 048
记忆中的港味 058

第三章　云南
七彩云南 070
秀色丽江　人在路上 071
茶马古道——来自高原的"驼队" 081
我心中的日月 083
九死一生，泸沽湖 090
一路向西，去大理 099
摇曳的东巴风铃 104

第四章　台湾
台湾·台湾 108
高雄，来去匆匆的第一站 109
垦丁天晴 114
落山风下　平凡之路 119

恒春小镇　国境之南 ………………………………… 125
台湾中部行记 ………………………………………… 131
台北映像 ……………………………………………… 146
离别 1949 ……………………………………………… 155
中正纪念堂——青山依旧在，几度夕阳红 ………… 157
徘徊在淡水 …………………………………………… 162
台湾，一个想留下的地方 …………………………… 166

第五章　西藏

西藏遗梦 ……………………………………………… 170
小城西宁 ……………………………………………… 171
沧海的遗珠 …………………………………………… 178
沿着天路进藏 ………………………………………… 185
雪域之心　拉萨之魂 ………………………………… 189
梦想的地方一定会到达 ……………………………… 198
羊卓雍错　神湖之灵 ………………………………… 205
艰辛，纳木错 ………………………………………… 208
一栋黄房子 …………………………………………… 216
色拉寺的僧人们 ……………………………………… 220
别了，雪域高原 ……………………………………… 224

后　记 ………………………………………………… 229

第一章

敦煌

中国·敦煌

20 岁的旅行手记
下一站，会是哪里

起点·敦煌

  2013年秋，刚满20岁的我终于有了人生中第一次独自旅行。其实现在我也记不清当初为何要一股脑儿跑到大漠去。或许是因为十年前我曾到过那里。美丽的西域，仍令我十分向往。于是，一场说走就走的旅行在脑海中一闪便决定了。这次我并没有再去内蒙古，而是要计划前往古老又充满神秘的丝绸之路要塞——敦煌。

  郑州距离敦煌2300公里，从学校西安出发，有直达敦煌的火车，订过票的这几天内，我便开始为这趟旅行做足功课。毕竟是第一次独自出远门，把所有能发生的或可能发生的情况通通想了一遍，感觉能用上的装备也一样不落地准备妥当。为了玩起来更有计划性，剩下的便是研究攻略了。事实看来这非常有必要。万事开头难，我却很享受这忙于其中的乐趣。

  几天后的一个清晨，我收拾好行装踏上了前往敦煌的列车。一路汽笛，途径18个站点，22个小时。终于在第二天清晨看到了一望无际的戈壁。漫长的车程中，我也通过车上的当地人了解了一下敦煌的概况。他们得知我今年才20岁时觉得好吃惊，连说一个小伙子跑这么偏远的地方还真需要勇气。这样一说，更为当时的我增

第一章　敦煌

添了几分信心与力量。夜晚，火车奔驰在苍茫的戈壁，车厢内的温度也骤然下降，隔壁的大妈半夜还帮我盖了被子。这一举动我直到现在仍记得很清楚，大家萍水相逢，下了这趟火车可能这一生都不会再相见。但一个小的善举却在这个寒夜为出门在外的我带来了一丝温暖。

西北这地方昼夜温差太大，下了火车依旧感到很冷，其次就是干燥，脸上的皮肤好像被揪在了一起。风尘仆仆到了酒店，洗完澡换身衣服赶紧往脸上涂了好多护肤品。之后便背起包，开始了第一天的行程。当地民风淳朴，酒店的前台接待也特别热情，细心地给我讲了一下各个景点的情况。由于当天天气晴朗，艳阳高照，所以

鸣沙山景区

推荐我去爬鸣沙山。中午在当地有名的"达记面馆"吃了只有敦煌才有的驴肉黄面,味道称赞,是我吃过最好吃的一种面食。在这里的几天里每天必吃,至今仍想念那个味道。

鸣沙山离市区很近,行车十多分钟就到了。市区车辆也少,在万里无云的蓝天映照下,我来到了鸣沙山。远远就望到了连绵起伏的沙漠,和十年前到过的响沙湾一样那么壮观。一进景区就看到成群的骆驼晒着太阳小憩,由于已经快到淡季,游客很少,它们都一副懒洋洋的样子。我决定先去最著名的月牙泉看一看再骑骆驼上山。这会儿太阳已经升到了头顶,很热,像夏天一样。脱去外衣、轻装上阵,快步到达传说中的月牙泉。不得不佩服大自然的神奇,在一片沙漠中竟存活着这样一块绿洲。泉池呈月牙状,泉水清澈见底。能够清晰地看到里面的小鱼,周围围绕着一圈芦苇。轻风荡漾,整个景区上空循环着田震的《月牙泉》:"就在天的那边很远很远,有美丽的月牙泉,它是天的镜子,沙漠的眼,星星沐浴的乐园。"身临其境,足以令人忘却一切世俗烦恼,醉心其中,心旷神怡。现在闭上眼睛想起,仍魂牵梦萦。仿佛又回月牙泉。

    一弯如月弦初上,

    半壁清波镜比明。

    风卷飞沙终不到,

    渊含止水正相生。

绕着月牙泉观赏一圈后,又热又累,坐在沙子上晒太阳,听着

第一章 敦煌

月牙泉池

20 岁的旅行手记
下一站，会是哪里

鸣沙山顶

细腻的乐曲，吹着自然风，看着上天赐予的宁静与神奇，感觉异常惬意。一只小蜥蜴从身边跑过，便赶紧把这个沙漠的小生命抓拍了下来，它好像发现了我在"偷拍"它，迅速又钻进了沙中。消失得无影无踪。这真是最幸福的时刻，能够如此零距离地接触自然，一生何求。

　　起身来到沙洲露天小店，喝上一杯冰凉的杏皮水。就在此时，我发现有成百上千只小麻雀在低苇中叽叽喳喳。耐不住好奇上去看

第一章　敦煌

沙洲日落

看。它们感到有人过来了，便集体从苇中窜出，一飞冲天。这大概就是百鸟齐飞的盛况吧！

太阳快要下山了，为了能去山顶看日落，我租了一匹骆驼上山。随着阵阵驼铃声，一晃一悠地往山上走，尽情感受着古代驼商的感觉。爬到山顶，风沙很大，我把自己裹得严丝合缝，可还是被吹进了一嘴沙子。站在山顶，把整个敦煌收入眼底。这里没有高楼大厦，没有车水马龙。却带给人一种返璞归真，回归自然之感。由于看日落，

脱离了驼队,骆驼很是聪明,自己知道回去的路,就这样一人一匹骆驼,行走于日落沙漠。不由得想到王维那首《使至塞上》:

单车欲问边,属国过居延。

征蓬出汉塞,归雁入胡天。

大漠孤烟直,长河落日圆。

萧关逢候骑,都护在燕然。

当天晚上,又忙里偷闲去了趟当地有名的"沙洲夜市"。这里把敦煌特产聚集的琳琅满目。各种干货、胡杨木雕刻的大小玩意儿。还见到了传说中的"夜光杯"。

葡萄美酒夜光杯,

欲饮琵琶马上催。

醉卧沙场君莫笑,

古来征战几人回。

一夜西域美梦后,第二天一大早,联系好的司机已经在酒店楼下等我了。哦,对了,在这里应该介绍一下今天同行的伙伴——林哥,是我在宾馆通过前台接待结识的一位资深80后背包客。他黑黑瘦瘦的,一口福建口音,不过人倒是很健谈。初次见面时,他正把玩着一台长焦单反相机,向我展示他当天在鸣沙山拍摄的日落。谈话中得知他这趟旅行已经离家40多天了,一路从丽江骑行走滇藏线到达拉萨。而后从拉萨乘火车至格尔木,又同人一道拼车来到敦煌,皮肤之所以这么黑的原因是一路风霜的结果。据他所讲在骑

敦煌夜市

行过程中光是脸上的皮就晒脱了好几层！我对他的路线充满了好奇与佩服，像个小孩儿似得不停向他询问一路上的所见所闻。林哥也耐心地翻出相机的照片给我图文并茂地讲解，之后相约第二天一起拼车游玩。

我在敦煌的几张效果最好的照片都是出自他手，分开两个月后，终于整理好发给了我。第二年秋天通过微信得知他又再次骑行上路了，并完成了新藏线的挑战。看到他在珠峰脚下发的那段"一个追梦的老男孩"时特别感动。虽然只是在敦煌做了一天的朋友，但却从他身上感悟到了梦想与坚持。

前往莫高窟的路上，还顺便看了下清晨的胡杨林园。 这种大西

胡杨林园

北特有的植物就像这里久远的历史一样屹立不倒。3000年的成长、人世间的流浪。生而不死1000年、死而不倒1000年、倒而不朽1000年。不怕雨打风吹日晒被大漠风沙伤害。即使无法见证，单单的观赏、抚摸，也足以令人感到由衷的钦佩。正值金秋，胡杨叶都黄了，金黄一地，犹如置身画中一般。

到达莫高窟后，第一眼便看到了王圆箓的道士塔，这个王道士是对莫高窟近代产生深远影响的一个人。1900年，他在一个偶然的机会发现了莫高窟内封闭了千年的藏经洞（相传王道士是湖北麻城人，早年家贫参军，后成为一名游方道士。有一天到达敦煌后发现了残破的莫高窟便决定留在此处定居。前期只是进行一些石窟的清理工作，并在现在的第16窟内安置了接待香客的案台，请了当地一名会写字的杨先生负责记事工作。这个杨先生喜欢抽旱烟，经常拿干草点烟。一天他把没用完的干草往案台后的墙壁里一插，这一插不当紧，竟然没有插到底。再用劲一敲墙壁，里面好像是空的。王道士随即叫他不要声张。当天深夜，二人使劲把墙一推，"轰隆"一声，整面墙塌了，只看到里面摆满了经书文卷。他们俩顿时傻了眼，但立刻认识到了其重要性，马上又封好了洞窟，第二天又装作若无其事）。

在发现藏经洞之后的几年内，王道士也曾一再向当地地方官员递交一部分洞内出土的文书。希望得到重视，也好拨些款项来修补石窟。不过都未引起重视，导致后来这些文物的大量流失！其实反

20 岁的旅行手记
下一站，会是哪里

著名的道士塔设在莫高窟大门口的售票处前

1908 年伯希和在藏经洞翻阅经书时的场景

观当时的中国，正值八国联军侵华战争时期。远在京城的慈禧太后与光绪皇帝都已经坐不稳龙椅，逃到西安去避难了。而后又与西方列强签订了丧权辱国的《辛丑条约》，整个清王朝摇摇欲坠，中华大地已彻底沦为半殖民地，哪里还有工夫去管边疆一个石窟的事。

咱们自己管不了，当然会有外人来管。1907 年，英国考古学家斯坦因在进行第二次中亚考古旅行时，沿着罗布泊南的古丝绸之路来到敦煌。听说了藏经洞的事情后，他找到了王圆箓，经过几番纠缠，最终仅用了 40 块马蹄银。打着要将玄奘经书带回印度去的旗号，骗取了 24 箱写本和 5 箱艺术品。此后，被打开了的藏经洞便一发不可收拾。次年 3 月，法国汉学家伯希和来到莫高窟，在幽闭的藏经洞内足足待了三个星期。凭借自己纯熟

第一章 敦煌

倚靠在三危山麓,重重叠叠的洞窟犹如一个个蜂巢,洞窟前的栈道蜿蜒曲折,据导游说新中国成立后第一笔修补莫高窟的款项是周恩来总理批复的100万元

的汉语基础与渊博的汉学知识,翻阅了洞内藏书的每一片纸张。从中选出了他认为最精华的一万多件,以600两银子为代价带走了藏经洞中最具价值的那一部分。伯希和回到北京后拿出自己的"战利品"向一些学者炫耀,引起了学术界的注意,并有人立即向清朝学

部上书，要求马上清点藏经洞文献运送北京。毕竟山高皇帝远，在清点前这个王道士又耍起了小把戏私藏了一些。从敦煌到北京，千里迢迢的路程中也失散了不少，最终只剩下8000多件入藏进了京师图书馆。这连发现之初的五分之一还不到。所以关于敦煌藏书，一句话概括：藏于英国最多，藏于法国最精，藏于中国最残最乱。

随后几年，王圆箓将私藏的经书又二次卖给了斯坦因、日本探险家吉川小一郎。不过他并没有拿卖经书的钱挥霍浪费，而是在第16窟东侧盖了一座三层楼——"太清宫"道观。又对莫高窟进行了"修补工作"，其实他所谓的修补就是将原先残破的佛像毁去，重塑他认为好看的、但没有丝毫价值的东西。一直做着虔诚的破坏工作。

1914年，俄罗斯佛学家奥尔登堡又对藏经洞进行挖掘，获得文物碎片近万件。最无耻的是美国教授华尔纳，1923年他来到敦煌藏经洞时，洞内已空无一物，他便用特殊的胶布粘取了莫高窟内精美的壁画，并偷走唐代菩萨像一尊。在莫高窟参观游览时，可以清楚地发现那些被破坏的痕迹，伤痕累累，仿佛在哭诉那段任人宰割的历史！这仅仅是中国近代史中的一个缩影。1860年英法联军火烧圆明园，1900年八国联军洗劫紫禁城等等。今时今日，将王圆箓的埋骨之地立在大门口，是对当时中国历史的一种嘲讽。我想就是以警后人勿忘国耻，后事之师。

几个小时的时光在莫高窟觉得过得很快，除了震撼更多的是佩服古人巧夺天工的艺术能力。千百年来，莫高窟虽历经了种种磨难，但至今保存完好的洞窟还有近 500 个，壁画 45000 余平方米。我国的另外两大与之齐名的大同云冈石窟、洛阳龙门石窟早已失去了当初的色彩，仅留下了塑像。可莫高窟却因地处常年干旱少雨的敦煌大漠，得以将这些雕塑与壁画完美保留至今。在富丽多彩，内容丰富的壁画上绘有大量的飞天造型。飞天也叫飞神，她们能奏乐飞舞，侍奉在佛的左右，同时散发着奇妙的香气。有了它们增光添彩，这些壁画更传神的反映出了我国古代不同朝代的艺术情调，建筑风格以及各民族各阶层的生活方式。飞天可以说是敦煌壁画的一个标志，在敦煌的中心广场上就立着一尊反弹琵琶的飞天像，整个甘肃省生产的兰州牌香烟也是用它作为商标。

　　这里同时也是佛教中土化的开端，是本土佛教成长的见证。每个洞窟在墙壁和窟顶都绘制了大大小小的佛像，寓意千佛洞，所谓千佛即人人皆可成佛。前经北魏、隋唐、西夏、北宋朝代的开凿，后又经清朝收复沙、瓜两州后的修补。历经千年，天下第一窟当之无愧。但与此同时也为敦煌文物的流失深感痛惜。在举世闻名的藏经洞前，久久伫立，我仿佛看到了一千年前，这里的僧人们为躲避战乱，匆匆搬运经书的忙碌身影和一百年前王圆箓敲开大门那一刻的乌烟瘴气。如今空荡荡的藏经洞内仅剩后来摆上去的一尊洪䇮高僧真身像和身后的一面壁画。画上是近侍女像与比丘尼像。这两尊肃立了千年的女像一定见证了当年封闭藏经洞的那个瞬间，也同时经过了千年的孤独与黑暗。一百年前王道士手举油灯的那束光也一定照得她们眼花缭乱。她们也一定见证了王圆箓的愚蠢和当时清朝的极端腐朽，以及国外的野心家们不远万里来这里进行的一场无耻的豪夺。不过相信这一切就像百年前世界列强对中国肆意践踏，任意瓜分的历史一样，都将掩埋于历史的长河，不会重演。

在紧挨莫高窟的博物馆内，有幸可以看到一些当年出自藏经洞的文书。印像最深刻的是于右任1941年参观莫高窟后，面对莫高窟荒芜破败、流沙掩埋的现状。忧心如焚：

> 斯氏伯氏去多时，
> 东窟西窟亦可悲。
> 敦煌学已名天下，
> 中国学人知不知？

"劝君更尽一杯酒，西出阳关无故人"。真的是亲身来到这里才能领略到如此的荒凉与壮美。昔日的阳关城早已被千年风沙埋在了古董滩下。当年金戈铁马，千军作战的景象也只能由自己去想象编织。阳关古时乃兵家必争之地。居高临下，易守难攻。站在阳关古道上，西北风使劲地吹。耳旁好似听到了千军万马呼啸而过。脚下这片土地曾经又让多少人哭断心肠、客死他乡、马革裹尸，何等悲壮。

> 泽国江山入战图，
> 生民何计乐樵苏。
> 凭君莫话封侯事，
> 一将功成万骨枯。

我骑马于阳关道

20岁的旅行手记
下一站，会是哪里

在古代的"驿站"里，我办理了属于自己的"通关文牒"，上面清楚写着"黄天遥通行阳关，请予放行"。不在这里骑一回马就太可惜了，虽然这里骑马不比在草原那么开阔，但更能感受到古代将军侠客仗剑走天涯的柔情侠骨。手持令牌，骑马走过阳关大道。愿今后的人生路条条康庄，处处顺利。

在结束了敦煌的历史之旅后，最后一天的下午沿着茫茫戈壁到了从小就在课本中背诵过的玉门关。如今的玉门关仅剩下了"小方盘城遗址"，岁月吞噬了曾经的繁华，这里是古代丝绸之路的必经之路。也是中国古代商业的历史见证。或许今时今日留给世人的只有那句"羌笛何须怨杨柳，春风不度玉门关"。虽如此，每年仍有许多华夏子孙执着而来。在残垣断壁间寻觅往日灿烂的汉民族文化。

在玉门关西面一带，则是汉代长城保存最为完整的一段。但如今也只能看得清其大致轮廓，它的独特之处在于它不像明长城一样用砖石修砌，而是就地取材，用这里生长的罗布麻、胡杨树等植物作为地基。上面铺上土、沙砾石，最后再夹芦苇层层而起。由于这里气候干燥，敦煌境内的汉长城在经历千年之后，仍屹立在戈壁荒漠之中。虽

阳关故址

第一章 敦煌

玉门关遗址

已破败，但它是古代中国第一次进行西部大开发的重要见证。对抵抗当时的外族侵略起到了坚不可摧的作用。

　　　　秦时明月汉时关，

　　　　万里长征人未还。

　　　　但使龙城飞将在，

　　　　不教胡马度阴山。

　　路过了汉长城遗址后，终于到达了当天最终目的地，也是本次旅行的最后一个景点——雅丹魔鬼城。很难想象这里曾经是一片汪洋大海，所显露出的巨石，每座都有着几百万年的历史。在大漠狂风雕刻下形态各异，错落有致，布局有序。其惟妙惟肖的造型更显传神，庄严中带有几分神秘。当大风怒吼时，雅丹群中能听到各种

20 岁的旅行手记
下一站，会是哪里

汉长城遗址

雅丹风貌

风的声音,似鬼哭狼嚎。在古代,这里是一片禁地,西边接壤处没有一棵草,天空中连飞鸟也不曾掠过。目穷所及,除了沙子还是沙子的"死亡之海"罗布泊,极容易令人迷失方向,命丧其中。当地人因而将此地称为魔鬼城。

借着夕阳的余晖,登上高大巨石。此刻天是那么高,地是那么辽阔,有一种震撼人心的力量。沧海桑田,梦回远古,自己却显得如此渺小。

随着雅丹的日落,本次敦煌之行也落下了帷幕,借着满天繁星赶往回市区的路上。人生第一次独自旅行是意想之中的圆满。亲眼所见了原来只是在纪录片中看到过的大西北风情。短短五天,与自己内心做了一次最深刻地交流,坚定了以后要走得更远的决心。

敦煌,一座被风沙吹过千年的古城。吸引世人的不仅是莫高窟,我更中意它的空旷与辽阔和大汉民族曾经在两关之上那份"犯汉者虽远必诛"的壮志豪情。

敦煌的风沙淹没了繁华

飘摇多少人家

一杯乱世的茶

狂饮而下

我在敦煌临摹菩萨

再用佛法笑掂天下

第二章　香港

第二章

香港

尖沙咀街头

向左，向右，香港

一

香港，传统的中国粤式中夹杂着一股英伦风尚。我不太习惯这座城市的规格与节奏，却喜欢那一腔十足的港味。

风雨百年将这片土地一次次推向了风口浪尖，在数次政权的更迭与战火的硝烟中几经沉浮，却又意外在大历史的车轮下碾成了一个学贯中西，通达古今之地，它便是东方之珠——香港。2013年和2014年我曾两次到过这里，它总是以一种快速运转的姿态呈现在眼前，马路上只听得见红绿灯的嘀嗒声和汽车飞驰而过的油门声。安静的地铁上与过道中只有行人匆忙的身影，永远充斥着快节奏。

2013年底，为了一个特殊的理由，不得不在一年之中游客最多的时候来到这里。我从深圳湾入了关，经屯门到达尖沙咀。相信和很多初到香港还不熟悉的游客一样，都会先选择在油尖旺区这一带落脚。深圳湾相比罗湖入关应该会快很多，因为这里没有成群结队的旅行团，但也要差不多一小时，每年圣诞节与元旦前后是游客最多的。入了关跟着人群上了前往屯门的巴士，开巴士的是个老司机，

第二章 香港

满头白发,他这个年纪若是放在大陆恐怕早已不干这行了。后来在香港的几天内,我发现开巴士或出租车的司机都是一些老年人,墨镜和手套一带,颇有老当益壮的风采,并且都将车开得飞快,像玩赛车一样。从屯门可以乘坐地铁到达市区,拉着行李箱穿梭在屯门商场的过道中,这里的建筑很低,路标也小,不注意看还真不容易发现。没办法,谁让这里地少人多,寸土寸金呢。办好了八达通又经过了半个小时的地铁,终于在尖沙咀A1出口出了站。第一次近距离接触到香港,马路上汽车开得很快,十字路口处一排行人井然

尖沙咀的澳门茶餐厅,看得出香港茶餐厅的拥挤,小小的桌椅板凳有时也要与他人拼桌

20 岁的旅行手记
下一站，会是哪里

有序在等红绿灯，街道两旁是密密麻麻的商店，都统一向外伸出门牌，使人眼花缭乱，还真要仔仔细细地分辨才清楚这个地方具体在大厦的哪个位置。

香港是一个弹丸之地，密集的人口使得这里寸土寸金，再加上当前是旅游旺季，酒店房价更是高得离谱，而且面积也很小。不光是酒店，茶餐厅的桌椅板凳，商场的柜台比起内地都小了一号。开始在这里的一两天真的令人很不习惯，一走进室内便会有一种透不过气来的感觉。在这些被切分很小的空间内，每一个人又尽力地夫把这点唯一的空间填满，打造一种充实的城市风格。

两次来到香港，我差不多逛完了每个标志性地点。整个香港大致可以划分为三大区域：香港岛、九龙半岛和大屿山区。香港岛与九龙半岛之间是著名的维多利亚港湾，大屿山则有着华人地区第一座迪斯尼乐园。顺着南至梳士巴利道、北接长沙湾道，连接旺角与尖沙咀这两个重要商业区的弥敦道行走，基本可以到达九龙区的每个重要地方。

许多大陆游客提起香港，第一印象就是购物。尖沙咀便拥有这得天独厚的核心位置，海港城、北京道一号组成了这片商业区。海港城建筑群临靠在维多利亚港海岸线上，是香港面积最大的购物中心。里面汇聚了多个国际品牌的商户，与 DFS 环球免税店一样，在这里购买到的物品要比大陆便宜许多，因此也就培养了一些大陆游客攒够钱来到这里血拼的爱好。

夜晚的香港街头

许留山甜品店

如果说逛够了这些富丽堂皇的商场,弥敦道一侧的加连威老道也是年轻人不错的逛街选择。在电影《2046》中,王菲也曾提到过这个地方。小街道两旁店铺林立,有着许多香港本土的潮牌,我的第一件I·T衬衣就是在这里购买的。现在已把它珍藏在了衣柜里,什么时候翻出来,仍有着当年的气息。

许留山是在逛街途中一个不错的歇脚小站。内地有许多打着香港甜品旗号的甜品店,可真正到了香港后才发现,遍地开花的只有许留山一家。这家创办于20世纪50年代的老店,足以代表香港甜品界。

　　香港有着太多的大厦,其中很多都有一定年头了。它们简陋,被分割成了若干单元,有些房间甚至密不透风。电梯也十分狭小,乘坐它时都提心吊胆,从未坐过这样老式的电梯,每次上下都会产生剧烈的晃动。楼梯间弥漫着烧香的味道,一楼的一个铁皮屋内,坐着一个年近古稀的大厦老伯。我问他这样的电梯还能坐人吗?有多少年了?他轻松中带着一股自豪的口气回答道:"45年啦!放心坐啦!很安全的。"一口港普把我拉进了港剧的情节。说起香港电影大厦的情结,不得不提到王家卫导演的一部著名电影《重庆森林》的取景地——重庆大厦。这座大厦在众大厦中具有一定的代表性,也可以说是一个时代缩影。它建成于1961年,曾经是一栋住宅楼,如今成了一座与许多大厦一样的集青年旅舍、商店、餐厅为一体的混合型大厦。里面常住着一些在香港务工的印度、巴基斯坦等南亚居民,也会有黑人出没。由于形形色色的人太多,走在这栋大厦里会让人觉得有些不安。

　　路过了尖沙咀,在佐敦的利强记北角鸡蛋仔买了一份这个香港街头地道的小吃。这家卖鸡蛋仔最有名的店门面小得可怜,找了好久才发现它。不大的门头上贴满了香港明星来此买鸡蛋仔的合影,可见它的名气。其实香港许多知名小吃的门面都十分简陋,但却口口相传,声名远扬。佐敦还有一家专卖龟苓膏和鱼羹的小店也不错,我忘记了它们的店名,只记得那家店卖的鱼羹会熬上很久很久,直到连鱼刺都化了，加上一块鱼腩便是一顿下午茶。

此时夜色已经降临，位于油麻地的庙街已经铺满了小摊，素有"平民夜总会"之称，从一条拥挤的人行道走下来，好像并没有什么看上的东西，但却能感受到这大城市里的那阵"平民风"。

穿过了庙街夜市便是有名的旺角了，我眼中的旺角是一个新旧交替的地方。既有高级奢华的朗豪坊，也有一栋栋陈旧的大厦，大厦里更是人群混杂，许多一楼的楼梯口处会摆上足疗按摩甚至是带有桃色内容的灯箱，这里是香港"一楼一凤"云集的地段，是低俗与欲望的综合体。

朗豪坊是旺角规模最大，最豪华的购物中心，更是旺角的潮流地标。这里本来也是一处旧的住宅用地，经过了十年的规划重建，才有了今天的崭新局面。我前后来过这里几次，里面的"通天电梯"着实令人震撼。这条手扶电梯可以一路直达商场的最高层，在缓缓上升中将朗豪坊全景收入眼底。这是一座综合型的商场，在里

旺角街头

面吃喝玩乐与购物可以一并搞定，但由于它实在太大，想把每一层都逛完想必是短时间内不能完成的任务。

旺角是一个到过多次的地方，第一次是从西洋菜街穿过来。这是一个专卖电子设备的老街，产品种类丰富，但价格的波动也很大，所以在购买时要格外检查好，以免买到水货或是翻新的产品。

位于亚皆老街至登打士街之间的"波鞋街"也是令许多年轻人趋之若鹜的地方。街上布满了售卖运动用品的店铺，若是有耐心仔细淘一淘，定能找到自己钟爱且新潮的款式。

黄大仙祠门前卖香火的门面

旺角的街头简直是个不夜之城,深夜一两点依旧是人来人往,车辆依然穿梭在繁忙的弥敦道上。停下来在街边喝上一碗"深夜暖胃粥"也是件惬意的事。

二

黄大仙祠是香港最著名的庙宇之一,相传祠内供奉的黄大仙有求必应。我在第二次去香港时专程来了这个地方,这里香火十分旺盛,却没有任何强迫香客烧香的情况,甚至在大门口还悬挂了"每位香客只需要购买30元清香即可"的条幅。

另外,求签也是来此必做的一件事,古朴的签筒放置正殿旁边,每个签筒里装有100支竹签,分别标有1~100的数字。求签者取罢签筒,跪在大殿外的垫子上,把想问的事告知黄大仙,然后摇晃签筒,直到有一支竹签掉落为止。按照摇出的数字取

黄大仙祠殿堂前的求签处

一纸签文，签文内容需找祠旁的解签之人解析，一次收费30元，他们也可以看相或是合字等，但如果你没有主动提出来，他们是不会主动向你推销的。这点我认为比起大陆许多寺庙要厚道很多，大概也是因为这里较好的风气，才使得大批信徒前来祈拜。那一支支竹签，一张张签文，是来此的求签者美好的期待。不管灵与不灵，总能给予内心一份安慰，不是吗？

三

香港海洋公园与迪斯尼乐园是香港两处最值得一去的玩乐之处。两者相比，我更倾向于后者。这两个公园都至少要各抽出一天的时间去游览。来到香港的第三天，我先选择去了位于香港岛的海洋公园。穿过长长的金钟长廊便可以找到直达海洋公园的巴士。

整个海洋公园分为以参观欣赏为主的海滨乐园和以玩乐为主的高峰乐园。进入园区的第一站是梦幻水都。在广场上有着巨大的喷泉池，往里走依次是大熊猫园、蝴蝶屋和雀鸟天堂这几个以动物为主题的场馆。其实我也是第一次见到国宝大熊猫，在这里生活的四只大熊猫分别是1997年香港回归时中央政府赠送的两只和2007年作为回归十周年贺礼再次赠送的两只。雀鸟天堂也是个不错的地方，美丽的鹦鹉会调皮地学你说话，还见到了色彩艳丽的火烈鸟。海洋天地是香港海洋公园的精华所在，在这里能够观看到许多以前不曾

第二章 香港

香港海洋公园内

如此近距离接触到的海洋生物。最后在这里顺着木楼梯爬到最高处，便可以眺望到秀美的香港海景了。

　　第二站高峰乐园需要搭车前往，由于当天乘坐缆车的人太多，我便选择了相对能够一次容纳更多人的海洋列车前往。海洋列车是一个通过铁路隧道连接两大乐园的双向登山缆索，车厢内是潜水艇的风格，并设有先进的多媒体设备，在行驶时震撼的视听效果仿佛正在深海中前行一般。五分钟后，列车到达了山上的高峰乐园，这里集中了园内所有大型刺激的游乐项目。可每一个都需要排队等很久，最后一个也没有玩。其实在大陆那些类似欢乐谷的游乐场也具备这些玩具，因此倘若是要赶时间，就不必在这里久久等候了。

033

20岁的旅行手记
下一站，会是哪里

坐落在大屿山的香港迪斯尼乐园，是全球第五座以迪斯尼为主题的乐园，也是华人地区的第一座。虽然它的面积是最小的，但却将每一块空间都运用的井井有条，并加入了许多东方元素，可谓麻雀虽小，五脏俱全。

前往迪斯尼有着专门的一条地铁线，从走进地铁迪斯尼站的那一刻起，就像是步入了童话世界。与迪斯尼乐园协调一致的建筑风格以及车站随处可见的卡通人物标志，令人提前感受到了它的氛围。走进园区，一段童话的旅程由美国小镇大街开始。美国小镇大街是根据典型的美国20世纪初期设计而成。走在这条街上，造型别致的古董车与古典风格的路灯随处可见，处处洋溢着复古的气息。沿着街道前行，小镇广场向来是最热闹的地方，每天都会有乐队演奏和大型巡游表演。那些儿时记忆中的卡通人物：米老鼠、唐老鸭、白雪公主与七个小矮人等载歌载舞从身边走过，置身于此场景，不难在歌舞声中找到那份童年的美好。

小镇大街走到尽头是这里最耀眼的建筑——迪斯尼标志性的睡梦人城堡。从城堡下的小门穿过去，幻想世界、明日世界与探险世界便都呈现在眼前了。当天虽是元旦，可游客并不是很多，能借机将这些制作精致的游乐项目统统玩一遍。印象最为深刻的当属森林河流之旅和飞跃太空山这两大必玩的项目。乘坐上极具异国风情的木船，漂流在茂密的原始森林中。沿途会遇上吼叫的大象，进攻的河马，张开血盆大口的鳄鱼。造型逼真，不仔细去看还真看不出这

迪斯尼乐园每晚炫丽的烟花表演

些只是摆设。假山上时而喷火时而又烟雾弥漫，不得不感叹迪斯尼对每一个项目都十分用心的设计与制作。

飞越太空山是明日世界中最惹眼的一个项目，与之前玩过的过山车不同，它是在漆黑的室内进行。紧张的动感，绝佳的场景加上震撼的音效，仿佛令人真的置身在浩瀚的宇宙中一般，不由想到《玩具总动员》中巴斯光年那句常挂嘴边的经典台词"飞向宇宙，浩瀚无垠"。

在迪斯尼的一天过得特别快，玩乐与购物充斥着每一分钟。到了晚上，先不要着急离开，每晚闭园之前的烟花表演才是重头戏。当夜幕降临，游客们早早都集中到了中心广场一带，随着熟悉的迪斯尼经典音乐的响起，睡美人城堡顶端在夜空下连续绽放出绚丽的

香港迪斯尼乐园

香港迪斯尼乐园

20岁的旅行手记
下一站，会是哪里

美国小镇大街

烟火，让人目不暇接。观赏完烟花表演才算完整的结束了在这里的一天。跟随人潮向大门走去，此时的美国小镇大街飘起了"雪花"，照映在路灯下欢送游人。迪斯尼为什么能够成为全世界最有名的游乐园，我想一定是它把任何一个步骤都认真设计到完美。在这里购买到的众多小玩意儿中我最偏爱《玩具总动员》中那个胡迪警长，它承载了一份儿时的记忆。我想今后每到一处迪斯尼乐园就选出一些电影中的人物带回家，有朝一日聚齐了它们是不是会更有意义？

四

香港一天之中最热闹的时段是在夜晚。2013年的最后一天,全世界各地在香港的人都不约而同地齐聚在维多利亚港湾一起跨年倒数。维多利亚港是世界三大天然海港之一,白天的维港水面平静,两岸高楼耸立。天星小轮优哉的往返于海港之间。这种海上观光船可谓是香港的"活化石",距今已有一百多年的历史了,主要来往于中环、湾仔及尖沙咀等市区旅游点。我乘坐过一次,虽比不上地铁迅速,可坐在上面海风拂面,深深感受到香港这百年的沧桑变化。夜晚,海港岸边的高楼亮起了炫目的灯光,与这熙来攘往的船只更是一起构成了香港最美的海港胜景。

今天的维多利亚港比以往都热闹。据说当晚有十万人在维港跨年。在距离新的一年只有十秒的时候,全部人一起望着海港对岸显示倒数数字的大荧幕,用不同的语言齐声高喊"10、9、8、7、6、5、4、3、2、1"。随着新一年第一秒钟的烟花在夜空中绽放,整个维多利亚港彻底沸腾了。沿街的酒吧欢歌热舞,沿途会有很多人举着求拥抱的牌子。或许他们和你有着不同的肤色,说着不同的语言,却献给彼此最真挚的新年祝福。香港这片原本自由的土地在此时更显得无拘无束了,黑人在大街上唱起了歌,菲律宾与印度人在马路上跳起了舞,从他们身边走过都可能会被热情地拉过去跳上一段。人与人之间在这一刻没有了往日的距离感,今天的香港注定是个不

跨年夜维港的烟花

眠夜,每一个角落都充斥着欢乐的情绪,是我在别处未感受过的"跨年不夜城"。

  走在星光大道上,仰望星空,呼吸上一口自由的空气,把旅途中的奔波劳累,消逝得烟消云散。

五

  五月的香港刚刚进入雨季,天总是灰蒙蒙的,一副时刻想要下雨的模样。也确实如此,在这个时节出门,最好随身携带一把雨伞,以备说来就来的雨水。这边下雨很奇怪,总给人一种下得不彻底的

香港·中环

20岁的旅行手记
下一站，会是哪里

感觉，突然来上一阵，说不定走过两条街又停了。空气中弥漫着雨后的湿润，天空中看不到太阳，地上永远是湿漉漉的。

不知一夜又断断续续下了几场雨，早晨一出门整个中环都笼罩在一层薄雾中，街道上很安静，许多商店都还没有开张。这边人早上的工作时间是很晚的，差不多要到了快中午的时候才开始进入一天的忙碌，到了凌晨仍门庭若市。

以前在很多港剧中看到的中环是一个充满了现代化的地方，到处都是气派不凡，直插云端的摩天大厦，以及各种各样的大型购物中心，行走在中环这一带的人一定都是些商务人士，他们穿着整洁的西服，夹着公文包行色匆匆。确实，这里是香港的政治及商业中心，很多银行总部、金融机构、外国领事馆都设于此。例如那座高420米的香港最高建筑——IFC国际金融中心二期，每当夜色来临，从维多利亚港望向对岸，那座犹如灯塔般璀璨夺目的建筑便是它了。还有代表中国人民解放军的驻港部队大厦，也矗立在这片繁华的商业区。但这样的中环是不完整的，试着放慢脚步，在摩天大楼之间去寻找那些岁月沉淀下的中环老街。细雨朦胧中，踏着青石板街，听着两旁回响的粤剧小曲儿，游荡在中环，才算是一种享受。

从上环漫步，一路上是交错的小街道，在这里最容易发现那些老香港的特色。围绕着港岛线上环站的是一圈香港的传统老街，这里几十年来都没有随着香港的大环境而改变。"药材街"的不少药店已开业超过半个世纪，主要以卖中药为主，依旧保持着一系列传

中环著名的石板街。

20 岁的旅行手记
下一站，会是哪里

统的抓药程序，淡淡的中药味布满了这条街道。邻近的"印章街""燕窝街""海味街"很多也都是祖传的老店，它们在这座现代化的城市里显得有些格格不入，但依然是老一代香港人挥之不去的记忆。

在这段徒步访古中，很快就到了中环区域，从荷李活道的中环部分往下走，会看到一条用一块稍高一块稍低的石板砌成的街道，人们热爱称它作"石板街"。长长的街道在雨后显得十分光滑，这条充满了年代感的街道是诸多电影的取景地，走在上面像是在拍摄电影的戏中人。

石板街向下走，有一家老字号的奶茶店务必品尝，它是"丝袜奶茶"的创始地。小小的门面任何时候都人气爆棚。连发哥都是这

兰芳园的猪扒包和丝袜奶茶

里的常客。莲香楼的港式茶点也令人称赞，虽然环境与服务与高档餐厅没得一比。但却带着一种香港旧式茶楼的味道。旅行在一所城市，还有比抓住它的特色更重要的吗？

晚上本想上太平山顶俯览一下中环的夜色。可天公不作美，乘坐山顶缆车上去之后发现整个凌霄阁都被笼罩在厚重的白雾中。山顶的餐厅都设有环形的玻璃墙面，可惜当晚什么也没有看到。带着少许失望从山顶下来后又继续游荡在夜色下的中环。此时位于皇后大道中以南的都爹利街煤气灯已经点亮了，这四盏煤气路灯是目前香港仅存的。据史料记载，都爹利街建于19世纪，关于煤气灯的最早记录出现于1922年，已有近百年历史。香港政府曾想过把它

都爹利街的煤气灯

们送到历史博物馆保存。其后决定将其保留在原地，由煤气公司供应煤气并负责维修。香港市政局还在1984年专门为这四盏煤气灯从英国订造了灯纱和灯罩，现在煤气灯依然完好地立在那，每晚6时至早上6时为路人点亮，由自动开关控制。此时的都爹利街行人很少，古老的路灯照在花岗石的楼梯上，营造出古典浪漫的氛围。并想到了梅艳芳多年前在此拍摄《梦伴》MV时那句歌词"煤气灯不禁影照街里一对蚯蚓，照过以两心相亲一对小情人"。

香港的酒吧数量众多，一类是以清雅见称的"清吧"，就是大陆所说的静吧。另一类是以热闹为卖点的"劈场"也就是我们平时所讲的夜店。其中香港清吧最著名的聚集地便是中环的兰桂坊了。每晚十点以后是兰桂坊最热闹的时候，处处散发着小资的情调，释放出夜晚的欢乐。不少时尚前卫的年轻人以及来自世界各地的游客都纷纷前来饮酒娱乐，享受着香港之夜。

中环，在任何时候总是繁忙的，为那些来来去去的人所存在着。向左，从耸立的高楼中看到了今时香港的发达。向右，漫步于青石板街，又像是回到了从前的香港。徘徊在古今之间，情陷其中，眼前逐渐展现出一幅百年香江风雨图。

这里，有说不完的故事……

第二章 香港

兰桂坊是香港最著名的酒吧一条街

一抹色彩，芳华绝代

"唱了很多年，追了这么远，等了那么久，终于《夕阳之歌》十年之后又可以在维多利亚港上空回响。今天，大家都穿着素服。夕阳无限好，只是近黄昏。十年生死两茫茫，不思量自难忘。"

2013年12月30日，是我此次来香港最重要的一天。这天是一代天后梅艳芳逝世十周年的日子，将于晚上8：15在香港会展中心举行思念音乐会。正是为了这个特殊的理由，才使我毅然决然在当下旅游旺季来到这里。这次的纪念活动是这十年之中规模最大的一次，或许也是最后一次大规模的纪念，如果这次没来的话，我想会是永远的遗憾。

十年前的今天，百变天后梅艳芳因患癌症病逝。那年，我刚满十岁，对于当时那则新闻的印象已经很模糊了。要是问我为何会喜欢上一个已经去世十年的天后，还要从前些年看过的一个视频说起。

那是梅艳芳生前最后一场演唱会，是在距离她去世前一个月举行的。当时的她已得知自己身患末期癌症，但仍要坚持举办经典金曲演唱会，她当时或许已经很清楚自己将不久于人世，若是当下不办，以后都不会再有机会了。

梅艳芳 10·思念音乐会上的玫瑰灯

这套"宫廷装"头饰连同衣服起码 80 磅,已经身患癌症的梅艳芳依旧保持着对舞台的完美追求,披挂上阵。并告诉歌迷"只要有信心,无难事"。不敢想象她在病魔缠身的同时哪里来的力气撑起这件快等同于体重的服饰。一个舞台王者的不屈不挠淋漓展现

2003 年 11 月,演唱会在香港红馆如期举行,踏上舞台的阿梅仍旧活力四射,造型百变。

"人生无常,我告诉自己,我要活在当下,不论明天会是如何,我会做好今天的事,积极去面对以后的人生。我们不能胡乱告诉别人,我们放弃,不要这个人生。因为是上天赐予我们的。既然我们已决定了往后的人生,我们将不会改变,我会继续努力奋斗。"

——梅艳芳

即使十年前没有到达现场,在视频中听到这番话,我还是忍不

住热泪盈眶。她是一个真正的明星，从一个 4 岁就登台演出，身躯瘦小，衣衫褴褛的小歌女，到今时的乐坛天后，这其中的励志正如她唱过的那首《歌之女》：

我记起当天的一个小歌女

她喜欢观雨飘

也许她喜欢知当雨给风吹

路向可变得出意料

或有天她都可叫座

她也许有天不再饿

或有天戏衫不破

听众不只半个

她是我当天的她今是我

绝对想象不到你

以这宠爱来相赠我

我记起当天的一个小歌女她声音不太娇

唱出隐隐沧桑她唱出空虚

但眼睛始终闪也耀

或有天她都可叫座

她也许有天不再饿

夏与秋与歌飘过

过了不知已过

20 岁的旅行手记
下一站，会是哪里

她告诉我们怎样才是一位艺术家，一个舞台的女皇，四十载似水流年，各领风骚。但命运偏偏开这样的玩笑，人生的舞台即将戛然而止，可舞台女皇的梦想就是不交付于命运的执着，她没有欺场，而是用意念去燃烧身体最后的一丝余热，迸发光华。带着哭腔的歌词，悬着泪滴的脸颊，总表达出她的千言万语——"舍不得"。再站在自己曾经开过无数次演唱会的舞台上最后一次唱歌，最后一眼望她的歌迷，并没有博取任何同情，憔悴的脸上强打出笑容。直到最后一刻都在用一腔正能量去感染每个人。据后来幕后工作人员的讲述，此时的阿梅每次下台休息都瘫坐在沙发上。冬天的香港气温依然很高，可几台暖风机对着她吹仍是浑身冰凉。浓妆与假发为她掩盖了满脸的憔悴。但每当踏上舞台拿起话筒的一瞬间，一个舞台的王者又回来了。听到台下歌迷拼命地助威呐喊，她又怎能屈服于命运。

人生揭幕于舞台，同样也在舞台谢幕。在"红馆绝唱"中，阿梅选了这一生最爱的那些歌。"今夜还吹着风，想起你好温柔，有你的日子分外的轻松"。以这首《亲密爱人》谢谢这么长时间歌迷的彼此相伴，道不完的话都包含在了歌词里，相信这是一生中最兴奋的时刻，吹完今夜的风，它将永远留在心里，一直为你守候。

凄凉的音乐响起，不知道又唱起这首歌时有没有想到当年的"如梦如幻月，若即若离花"。那个如花、十二少的"三八一一"，人生如戏，谁也想不到《胭脂扣》中扮演十二少的张国荣会先走如花一步。是不是冥冥中一切都有了定数？此刻的你历经沧桑，生命垂危，可仍是那个偏执的如花，那个淋漓尽致，叱咤影坛的梅艳芳。

人生最快乐的莫过于与故人醉酒今宵，可故人已去，唯有为你斟上一杯，我自饮一酌，趁朦胧醉意又把你浮现。搭着老上海情调的配乐。似乎是在回答所有的疑问，欢喜伤悲，老病生死都是人生之常事，月有阴晴圆缺，人有悲欢离合。俗尘渺渺，一次次带给我们不同感受，就像你的离去，如今点点的思念，你能否听到？那风雨声是不是你的回应？你说的对，我们是老朋友，是故人。生命苦短，欢乐的时光总比悲伤来得短暂。天意茫茫，你轻挥折扇，仰望天空，看到了什么？天上故人，台下观众我想都感受到了。人就是这样，只有失去了才知道珍惜，离别之前并不知道当日那么好。十年后缅怀，万年后会是怎样谁也看不到。是不是太应该去成全自己的每一天，思考更多的意义。

"夕阳十分漂亮，但十分短暂，我们应该珍惜，更加要争取在身边所有的事，否则瞬间便一无所有。"

最后一曲，阿梅选择了诠释自己，从未为自己穿过婚纱的阿梅在生命最后时刻为舞台披上了嫁衣，随着台下每个人的合拍赴上长梯，与舞台同谐白首。回身永别千万故人，夕阳之歌再度悲壮响起，余音绕梁，缠绵悱恻，九转回肠。夕阳无限好，只是近黄昏。阿梅仿佛一道夕阳洒在台上，不遗余力证明了这一生不平淡的梦想。

怀揣着这份对天后的敬仰，对生命的敬畏。在这个十周年忌日，

20 岁的旅行手记
下一站，会是哪里

此婚纱是梅艳芳多年好友、服装设计师刘培基为其量身制作。据后来刘培基讲述，梅艳芳自知病况，想为自己穿一次婚纱。后来由于病因导致腰围增加，这件婚纱也一改再改。身披婚纱的阿梅终于将自己嫁给了舞台，没有留下遗憾。《夕阳之歌》也成为一曲绝唱

终于来到了香港,来到了今夜的会展中心。

晚上七点半左右,前来观看演唱会的歌迷都聚集在了大厅。从一些人的年纪可以看出一定是老歌迷了,他们或许正是陪伴阿梅一起风雨同路的人,相信不少人应该是参加过她最后的演唱会。如今十年过去了,我站在他们之中,深深感受到何为"长情"二字。

当晚的到场者清一色的黑白服饰,任何一个细节都透着对阿梅的尊重。全场门票售罄,座无虚席。真正的明星是永不褪色的,即便十年过去了,仍有如此强大的气场号召力。

进入会场,每个座椅上都插有一支能点亮的玫瑰,中间的蝴蝶结上系着阿梅生前在舞台的最后一个镜头。整座大厅回放着一首首

当晚会展中心的场馆,大家都在安静聆听音乐会开始前的阿梅金曲

她的金曲,所有坐在位置上的人都安静地听着,默默沉思,眼睛泛着泪光。

"当有一天我离开娱乐圈,到底还有多少人能够真正记住梅艳芳这个人呢?我不要承诺,我只想当大家百般无聊的时候,望着天上的星星,会记住这个曾经好熟悉的名字。"

——梅艳芳

镜头把时光拉回到了30年前第一届新秀大赛决赛的现场。19岁的梅艳芳用她低沉磁性的嗓音唱起了徐小凤的《风的季节》,也正是凭借这首歌摘得冠军出道,在香港乐坛崭露头角。随风吹过了30年,仍有人记得。回放过后,交响乐井然有序地演奏起阿梅的金曲伴奏。听到了许多熟悉的旋律,其间把《似是故人来》这首歌从头演奏了一遍,催人泪下。

曾志伟致开场白后,张学友一首《赤的疑惑》为音乐会拉开了序幕。当晚到场的明星很多,两个小时没有一丝停歇。张惠妹的《亲密爱人》,林忆莲的《蔓珠莎华》。林忆莲那天特别美,把这首歌演绎到了极致。

曼珠沙华——一种传说中的彼岸花,开在黄泉路,花如血一样,绚丽而鲜红。穿过这些花,曾经的一切都留在了彼岸。花开不见叶,有叶没有花。虽是同根生,永远不相见。

三曲过后,成龙、袁咏仪上台分享与阿梅生前的点滴。当年阿梅带出的徒弟们也以《淑女》《妖女》《坏女孩》等轮番将她的百变形象展现。最后以一曲《Stand By Me》向恩师致敬。

> 在这夜可台上唱着歌
>
> 从未有懒惰尽心的歌
>
> 祈望我用耳朵
>
> 能寻获你拍和
>
> 伴着这首歌

之后阿梅的老朋友：刘嘉玲、钟楚红、张曼玉都依次上台表达了对阿梅的敬意。久未开嗓的梁朝伟也演唱了一曲《朦胧夜雨里》。林子祥在演唱中的一席话感动了每一个人，他指着自己的上衣说这是十年前同阿梅最后一次在台上歌唱时穿过的，之后再也没有穿过，要抱紧眼前人。郑秀文《女人心》感天动地，陈奕迅《胭脂扣》娓娓道来，郭富城边唱边跳完美展现了经典《梦伴》。那个招牌动作，又勾起了煤气灯下的回忆。刘德华压轴出场，一曲《似水流年》深情款款。

末曲所有人一起演唱了阿梅的绝唱——《夕阳之歌》。当熟悉的旋律奏起，一丝酸意不觉涌上心头，冒上了鼻尖。全场观众都点亮了手中的玫瑰挥舞空中，大荧幕上是阿梅十年前最后一场演唱会时唱这首歌的视频。现场8000多人将气氛推向了最高潮，令台上台下难掩泪水。香消玉殒十年忌日，心间掠过一抹色彩，芳华绝代。

记忆中的港味

从开始到现在,每当有熟悉的粤语老歌轻轻响起,总会勾起那段对香港流金岁月的回忆。

20世纪80年代的香港还处在殖民时期。优良的位置和多元化的经济政策使它迅速崛起,走在了世界前沿。这时我们对它充满了仰慕,香港的娱乐业也在此时进入了大众视野。当时的大陆还没有这么多家电影院,相信上一代许多人都有过在小录像厅观看香港电影的经历。若是哪家经济好一些有电视的,会互相交换着看录像带,通过香港影片对香港有了初出茅庐的认识。当时的香港已是仅次于好莱坞的世界第二大电影产业基地,风靡全球,可以说是香港的一大标记。

从20世纪六七十年代邵氏武侠片轰动影坛起,香港电影很长一段时间内

位于星光大道的李小龙像

在华语电影界独领风骚。李小龙、成龙这样擅长拍动作片的武打明星将中国功夫带向了世界，并有了英文"Kung Fu"一词。如今在香港的星光大道上李小龙在电影《龙争虎斗》中的造型铜像已是星光大道的标志。

不光是功夫片，文艺片、喜剧片、枪战片、警匪片等各类型影片也不甘示弱，百花齐放。象征着香港电影"奥斯卡"的香港电影金像奖也在此时诞生。它与台湾电影金马奖、中国电影金鸡奖并称为"华语电影最高成就的三大奖"。金像奖每年评选一次，对表现优秀的电影工作者加以表扬与奖励。从1982年起，至今已走过了33年。奖标名为"星光荣耀"：由一位美丽性感、身上围着胶片的女神高举星球，象征着香港电影的蓬勃发展，电影人积极向上。可如今看来每年的金像奖争夺正在逐渐走向平和，失去了当年那种佳片云集"争帝夺后"的激烈。但香港电影始终拥有过那番无与伦比的辉煌。

以功夫片为主的成龙和以枪战、黑帮片受人追捧的周润发，以及开创了无厘头喜剧先河的周星驰，称之为"双周一成"是当年并时至今日都最有力的票房保障。以"霞玉芳红（林青霞、张曼玉、梅艳芳、钟楚红）"为代表的女明星更是把这个黄金年代映衬的更加灿烂。

在那个年代，耳熟能详的香港电影明星不胜枚举，每周都会有新作品推出。到今天仍会有电视台在重播当年风靡一时的"僵尸片"，

20岁的旅行手记
下一站，会是哪里

和许多人都已看过无数次的《纵横四海》《英雄本色》等，可每当那个背景音乐一响起，经典的台词，熟悉的对白，怎能又不叫人定睛凝神，停留回味。

作为一个90后，或多或少还是会对八九十年代的香港影视有所记忆。我记事是比较早的，依稀记得两三岁时电视台在重播83版《射雕英雄传》，全家人围着一台彩电观看的场景。对于罗文、甄妮所演唱的三首主题曲《铁血丹心》《一生有意义》《世间始终你好》更是情有独钟。虽然听不懂歌词，可每次主题曲一响起，我便高兴的恨不得跳起来，但又马上安静坐下观看。后来有了VCD，还专门跑去影碟店把整套都租了下来，最后索性忘记了还碟时间，

83版《射雕英雄传》，是所有版本中最深入人心的一部。也是继《上海滩》后，TVB又一部在内地掀起观影狂潮的电视剧。是一部无法超越的经典。剧中黄蓉扮演者翁美玲，在1985年事业巅峰的时候在家中开煤气自杀，俏皮可爱的黄蓉就此结束了其短暂的演艺生涯，流星虽美，稍纵即逝。昙花虽靓，终归一现。但所有的"射雕迷"会永远地记住她。30年了，那个古灵精蓉儿的形象依旧活灵活现的

变相把它们买了下来。还记得当时最爱攒一些零花钱跑去买光碟,对它们爱惜有加,看完总小心翼翼地包装好。

现在随着互联网的发达,和电影院的遍地开花,以难觅光碟的踪迹。但说起对于香港电影的那份记忆,我想很多人都有过与我相同的经历。从录像带到 VCD 再到 DVD,把那份情怀凝聚在了一张张小小的光碟之中。

影视与乐坛始终是分不开的。在香港电影正如日中天的同时,粤语歌曲也在悄然酝酿。

1974 年,香港当代流行乐鼻祖许冠杰为粤语乐坛拉开了序幕。从那以后,粤语流行乐正式登入大雅之堂,并如雨后春笋般成长起来。

20 世纪 80 年代,谭咏麟与张国荣拼得火热,女歌手由梅艳芳一枝独大,被称作"两皇一后"。他们是香港乐坛的先驱,天皇级巨星。当年有多少女孩拿着磁带关进小屋翻录过谭咏麟的那首《水中花》,又有多少男生在舞厅沙龙中模仿张国荣大跳《Monica》或深情演绎《风继续吹》。

香港 20 世纪八九十年代的乐坛流光溢彩,以唱情歌见长的陈百强,和主打摇滚励志风格的 Beyond 乐队,都为它添上了浓郁的一笔。创作了许多至今都仍被争相传唱的经典佳作。可遗憾天妒英才,陈百强与 Beyond 乐队的灵魂人物黄家驹都在 1993 年不幸去世,是香港乐坛无以弥补的损失。

后来我看过在当年年底举行的"十大劲歌金曲"的颁奖视频,

梅艳芳为他们颁出了"无休止符纪念奖",并带领一众明星缅怀演唱《一生何求》《深爱着你》《光辉岁月》《海阔天空》这四首他们脍炙人口的代表作,催人泪下。情节好像 2013 年参加的梅艳芳思念音乐会上最后那曲《夕阳之歌》的大合唱。原来香港那时已有这个传统。1995 年邓丽君因哮喘逝世,在当年的"十大劲歌金曲"颁奖典礼结尾时,一众人唱起《漫步人生路》。2002 年罗文病逝,也是由梅艳芳最后上台引领大家演唱代表罗文一生写照的《几许风雨》。再到 2003 年张国荣去世后,四大天王清唱怀念《当年情》。以及 2013 年缅怀梅艳芳的《夕阳之歌》,这种港味大合唱好像已成为了一种特别的告别方式。但对于一个歌手而言,他们将一生都奉献给了自己钟爱的音乐,这样的告别方式无疑是对他们最好的认可与尊重。

2003 年哥哥张国荣因抑郁症失控在香港文华东方酒店跳楼自杀,同年年底乐坛大姐大、百变天后梅艳芳患癌症逝世,可以看作是这个横跨二十年黄金乐坛的终结。但他们的影响力不会就此消失,我相信现在的 70、80、90 后的手机音乐里还会有这些人的歌曲。有他们深情款款的抒情曲,也有慷慨激昂的摇滚乐。虽然这些名字已经离我们远去,可每每耳旁有这些熟悉的曲调传来,仍似是故人来。

当你见到天上星星,是否又会想起他,又会忆起当年往事,因为他是心中照耀过的明星,让人永远都爱着的哥哥——张国荣。

这些年来,我一直在品读哥哥张国荣的电影,每一部都是在用

黄家驹——一个为音乐而生的天才歌手，Beyond乐队的核心。作词作曲大量流传甚广的歌曲，《真的爱你》《不再犹豫》《喜欢你》等至今仍在传唱，1993年在日本参加娱乐节目时不慎失足掉下舞台，导致头部重伤逝世。年仅31岁，从此舞台上少了一个怀抱吉他的精灵。他是一代人最爱的偶像，永远的摇滚之王

香港"乐坛教父"罗文，将一生奉献给了音乐事业，舞台形象大胆前卫。2002年患肝癌去世，整个患病期间与病魔誓死斗争的精神令人敬畏。直到最后一刻仍想着能够再举办一次自己的演唱会，可终究没能完成，带着遗憾离世。次年梅艳芳病重是否是在罗文身上感悟到了这点，所以强忍病痛再踏红馆，接连举行八场演唱会了却最后的心愿

20 岁的旅行手记
下一站，会是哪里

电影《东邪西毒》剧照

自己的灵魂在演出，同时也是在演绎他自己。人生如戏，戏如人生。这才是一个演员殿堂级的东西。哥哥是《霸王别姬》挥剑自刎、从一而终的"虞姬"程蝶衣；哥哥是《东邪西毒》眼带忧郁的孤独剑客欧阳锋；哥哥是《胭脂扣》悔恨终生的十二少；哥哥是人生路，快乐少年郎宁采臣；哥哥是《春光乍泄》放荡不羁、重头来过的何宝荣……他的每一次塑造，都仿佛要把人性最真的一面展现给观众，没有虚假，不带造作。哥哥复出歌坛那一年，穿上了高跟鞋，披散着长发，在视野中彻底癫狂了。不疯魔不成活，他不是炒作，也并非在哗众取宠。他是在把完整的自己献给爱他的人，爱一个人会爱他的全部，哥哥永远是哥哥，同样是搔首弄姿，他就是那么特别，那么真实，招人喜欢。

在 2000 年张国荣最后一场"热·情演唱会"上，幽暗的探照灯照在哥哥脸上。身穿白色睡袍，赤着脚出现了。I am what I am——《我》压轴出场。这首歌唱出了他自己，做出了最佳的诠释。我想这首歌可以这样理解：

我们每个人都是造物者的光荣，所以要永远爱自己。漫漫人生，能够陪自己走完的只有自己。人活着是为了快乐，快乐是什么？它获得的方式不止是一种，不管是酒醉今朝还是苦中作乐，不必怕别人喜不喜欢，人要自个儿成全自个儿，不用闪躲，为喜欢的生活而活，爱你的人会与你同舟共济，不理解你的人过往云烟。天空海阔，茫茫人海，我一步一脚印地走着，总归有荆棘，每个人又如同泡沫一般脆弱，但即使是泡沫，我也是最坚强的一颗。心中的蔷薇花哪怕是开在孤独的沙漠，只要光明照得到，也会开出一种结果。四周围都是玻璃，把我围在了中间，一束阳光照射进来，让我知道了光明的存在，它渐渐进入了心里，没有了阻碍，只是一层透明，我多么高兴，明白了什么是光明磊落，什么是偷偷摸摸。我就是我，是颜色不一样的烟火，随心所欲，天涯海角，孤独喧嚣都一样绽放。

20 岁的旅行手记
下一站，会是哪里

电影《花样年华》剧照

　　电影《花样年华》香港文艺片的代表之作，在世界电影界都是迄今为止华语电影评价最高的电影之一。梁朝伟凭借此片获戛纳影帝，张曼玉也获得金像奖与金马奖双料影后，双双将演艺事业推向顶峰。张曼玉在片中更换了 20 多套旗袍，再次引领了一个时代的旗袍潮流。将东方女人的古典气质完美展现。梁朝伟在片中的西装造型也让大家对西装革履这个词有了新的认识，衬衣一定要白得纯洁，若是冷一点搭配一件暖色的毛背心，西装要配油头粉面才显得风流倜傥

　　黄金时代的香港影坛与乐坛，是几代人心中不可磨灭的记忆，是很多人还未到过香港时对它的认识。像一首老诗：吟，荡气回肠；又像一杯老酒：饮，回味悠长。那个时代所产生的影星、歌星注定是令一个时代所铭记的。是他们共同树立了这个永不褪色的里程碑。

近些年，随着香港旅行的普遍，大陆与香港交往变得频繁了。太过频繁总会起摩擦，最近只要看到有关香港的新闻，大部分内容就是内地游客在香港与导游、与市民、与反水客组织发生的各种冲突。在此类事件频发的情况下，大陆人民到对去香港旅行的态度已从开始的好奇、期待，逐渐沦为现在的失望、厌恶。那个曾经在仰望中的城市光环正在褪去。

我觉得这也是一个时代下的必然产物，大陆很多大城市如今比起香港的城市建设可谓平起平坐。而香港的一些市民看待大陆还是用以前的那个视角，长时间的这种情况，一定会产生矛盾。再加上许多大陆与香港的旅行社，合伙以"低价团"蛊惑更多人到香港名为旅行实为强迫购物，以及一些不自觉的孕妇借旅行、探亲之名私自在香港生育，以便小孩获得香港居民身份，将来享受各种社会福利的行为。一旦诸如此类的不和谐因素累积到一定程度，便会爆发。能够避免的最好方式就是两边人民首先严于律己，相互尊重，才能达到双赢的局面。不要随着交往的密切，反而让那个曾经记忆中美好的香港渐行渐远。

第三章　云南

第三章
云南

云南·泸沽湖

七彩云南

彩云之南，我心的方向

孔雀飞去，回忆悠长

玉龙雪山，闪耀金光

秀色丽江，人在路上

彩云之南，归去的地方

往事芬芳，随风飘扬

蝴蝶泉边，歌声流淌

泸沽湖畔，心仍荡漾

即使不曾到过云南，也一定听过这首歌，一段歌词概括了云南之美，唱出了云南最经典的地方。伴着《彩云之南》，正值金秋，我来到了这个天高地阔，阳光普照，色彩斑斓的心灵栖息之所。

第三章 云南

秀色丽江　人在路上

"将近中午商店才开门,而四方街下午才热闹起来。早晨,市场和街道都是空荡荡的。很少有人戴手表,时钟也极少。实际上也没有准确的时间。在官府衙门时钟可能显示9点,在另一地方时钟可能是8点或10点。谁管他呢?人们凭太阳来判断时间。"

"丽江没有小汽车、马车或人力车。不论贫富,不论将军或士兵,也不分社会等级,大家都走路。一个步行的将军或长官看起来不是那么令人生畏、难以接近,即使最低贱的农夫也可以随便亲热地向他打个招呼。"

"在上苍赐福的丽江坝,人们有时间享受美好的事物。街上的生意人会停下来买卖欣赏一丛玫瑰花,或凝视一会清澈的溪流水底。田里的农夫会停下手头的活计,远望雪山千变万化的容颜。集市上的人群屏住气观看一行高飞的大雁……只要他生活得下去,没有一个纳西人想过离开丽江坝。即使那些见过上海、香港和加尔各答霓虹灯光辉的人,也总想回丽江生活。"

——顾彼得《被遗忘的王国》

"丽江没有茶馆,无论男人、女人或小孩,大家都饮酒,白酒

20 岁的旅行手记
下一站，会是哪里

或窨酒。所谓'高级酒店'，既不是酒吧，也不高级。它们是一般商店，除了卖盐、糖、腌菜和服饰品外，酒既可用顾客自带的坛子装了带走，也可当堂饮用。柜台前放着一两条很窄的长凳，人们就坐在长凳上饮酒。我在李大妈家酒店遇到的人群形形色色，非常有趣。有钱有势的人并不显得势力，而穷人也不显得阿谀奉承，他们各自静静地抽烟、喝酒，如果他们互相听得懂的话，还会闲谈。"

"除个别例外，商店都由妇女经营，她们精明，敢作敢当，深知怎样敲定一笔交易。当女的不得不离开商店时，她才叫丈夫来顶替。人们发现他通常在商店后面领娃娃，而他出现在商店里对生意是一场灾难，对他则是自找麻烦。他不知道火柴放在哪里，腌菜在何处，哪个坛子里有顾客要的酒。"

——顾彼得《被遗忘的王国》

秋天的丽江总爱沉溺在雨后的朦胧中。白天或许还是很静谧，可每当夜色来袭，它便会摇身一变，用动感与喧嚣去招呼它的客人。

来到云南的第一站如果不是省会昆明就一定是丽江。而对于旅行者而言，首选当然是这个在纳西语中称为"依古堆"的地方。旅行前，西安和郑州已秋雨绵延了半月之久，出发当天仍在下雨，还好飞机准点起飞了，在冲出云层的一瞬间，久违的阳光射进机窗，心情也一下走出了阴霾。

起初还在一直担心第一次来到海拔这么高的地方会不会有高原反应，可到了之后一切都很正常，丽江平均海拔 2000 米以上，比

丽江古城的小桥流水

俯览大研古城

之前到过的黄土高原、内蒙古高原还要高出近1000米,不过好在可以适应。这里属于滇西北高原,以"二山、一城、一湖、一江、一文化、一风情"闻名。二山指的是玉龙雪山与老君山;一城为丽江古城;一湖是泸沽湖;一江为金沙江;一文化是指纳西东巴文化;一风情则为摩梭风情。此趟丽江之行,除了二山未去,其余都算是领略到了。

  这是一座现代化的古城,古老的纳西族建筑都已经拆迁,重新建起的是一间间酒吧、餐厅以及客栈。大部分是按照传统纳西风格而建,每家客栈都会有自己的院子,在总体风格相近的情况下又保存了各自的特点，打出各种时尚标语吸引游客入住。重新崛地而起的古城代表了丽江旅游业的繁荣与完善。这样挺好，提供给了游客舒适与方便。

  古城的街道分布很不工整，主要是沿河道修建，刚到的一两天经常会找不到回客栈的路。但只要晃晃悠悠地逛上几天，便会对这阡陌交通轻车熟路了。下午的阳光很充足，照在石板街道上，这是以前马帮所走的路，作为茶马古道上的一个重镇，这里的路多年来从未改变。街道和商店里聚满了游客，就算这是淡季也没有表现出一丝冷清，走着看着不一会儿就到了古城中心四方街。广场上很热闹，在下午也能看到一个个在小酒馆细细品着咖啡、听着音乐享受慢节奏生活的人们。往常做事一向雷厉风行的我，最后竟然也迷恋上了这种慵懒舒适的感觉。穿过长长的酒吧街，古城标志性的两架大水车一大一小矗立在河道之中，古色古香的水车向各路游客展示丽江高原水乡之美。

  突然，一团乌云飘过，急促的雨点顺势而下，还在漫不经心拍照的人们一哄而散，都急忙跑到临近的商店避雨。可刚到屋檐下，脚都还没迈进去，太阳又出来了，天晴了，雨也停了。老早就听说过这里"东边飘雨西边晴""一山不同族，十里不同天"，可这仅仅只下一分钟的雨还真是令人难以捉摸。过了水车，再往前一点儿就到了古城的西门，这里坐落着曾经纳西族首领木氏土司的官邸。而如今的土司制度早已不复存在，"官姓木，民姓和"的说法也只

大研古城内标志性的大水车

第三章 云南

能永远地留在纳西族的历史中，剩下的是这座气派的建筑和大门前白色牌坊上所刻的忠义二字，背面是徐霞客"宫室之丽，拟于王者"的历史评价，足以见证木氏大家族世镇丽江的兴衰史。

当地人把走出古城以外的地方叫作丽江新城，古城已经被旅游业完全覆盖，更多人把家安在了新城，每到旅游旺季再回到古城里工作。不过通过几天的观察，我发现古城中的纳西老板并不多见，甚至看到了在古城开客栈的郑州老乡。在与客栈纳西妹子的交流中得知他们纳西人更愿意把自己的祖地租给外地人做生意，每年只一次性收取一笔租金。剩下的时间每天喝茶打牌去享受生活。我很惊讶，现成的土地资源若是自己用来做生意岂不是赚得更多？他们却不以为然地笑道，自己更习惯于这样不用怎么操心的生活。人生苦短，不如去过好每一天来得实惠。他们有他们的道理，在这样一个气候温暖，主街傍水，小巷临渠的地方，还用得着去争什么吗？每个民族所留下的几千年的特点与传统，已经深深烙在了骨子里，无法改变，也不需要去打扰原本的那份平和。

夜幕降临，霓虹灯开始闪烁，音乐也随之舞动。丽江一直被称作"艳遇之都"，不少都市的痴男怨女来到这里买醉。但对于我来说并不需要，大概是我这个年龄段还没有那么多的城市压力，只是来凑凑热闹，一饱眼福罢了。

丽江的酒吧是出了名的繁华热闹，各种类型一应俱全。里面坐着的大多是来自各地的游客，由于是旅行，又是在这陌生城市，反

20 岁的旅行手记
下一站，会是哪里

属于丽江的夜生活

我在酒吧唱歌

而会让人扔下顾及，卸下面具收起拘束，给身心来一次大的宣泄。相信这也是那么多人跑来丽江求艳遇的原因吧！

  第一次来到丽江的酒吧选择了一家较为安静的，台上是老板自己和他请来的驻唱歌手。这是一家可以点歌的酒吧，我也索性上台唱了一首，他们帮着弹琴与和声这种感觉非常棒。无论唱得如何，大家都举起了酒杯干杯并不住拍手叫好，一下子将歌声、自己的情绪与这欢快的夜生活融为了一体。

  之后又到了一家相对大一些的演艺酒吧，这家酒吧在丽江很是出名，台上的主持人和现场观众互动性很强，带动出的气氛足以让人投入进去，不由开怀畅饮。但与此同时，我又看到了令人心酸的一幕。有的观众会给演员敬酒，同时把小费夹在酒瓶子上，演员只拿小费不喝酒的话观众显然是不买账的，只好一瓶瓶地往下灌，每次下台都跑到后巷狂吐不止。有一个节目印象很深，是一位练过瑜伽的东北小伙，在表演用一枚仅有腰粗的铁环，从脚底开始向头顶钻出，就像"缩骨功"一般的武术杂技。他每钻一点就会等着有没有观众送出小费，每给一次，他就往前钻一点看得出他很费力，憋的整个上半身到脸都是通红的，豆大的汗珠落了一地。差不多收了500块后才钻出来，接下来，他还要把这五瓶啤酒一饮而尽。唉，人为财死鸟为食亡，在金钱面前不得不收起了自尊，低下自己高贵的头。

  在红灯绿酒推杯换盏之时，又总有那么一丝被掩盖的悲凉。想起了《老男孩》中肖大宝的那段独白：

"每天站在那个舞台上，无限制地喝台下送来的啤酒，喝到每次下台连胆汁都吐出来了，为了挣点钱，我还得假装高兴往下喝。有时候吐得实在太难受了，心里就想：老子不干了我，谁再往台上送啤酒全碎他脸上。有一天，真的没人送啤酒了，我心里更难受，我宁愿去喝去吐，起码还能证明我还有能力干这个。"

午夜，走出酒吧，在微弱的路灯下照亮了这些抱着吉他零零星星的流浪歌手。在他们一路弹唱中回到了客栈，充斥完喧嚣后使人很快就睡下了，再也不会有平时在家的失眠夜。

茶马古道
——来自高原的"驼队"

众所周知,我国古代驰名中外的丝绸之路是当时同西亚、欧洲进行贸易往来的重要通道,如今的玉门关与阳关只剩下风沙的凭吊。茶马古道就好比高原上的丝绸之路,串联起西南最美的风景线,带动了普洱文化的发展。"山间铃响马帮来"象征了古代商业文化和古人不畏艰险去克服大自然的勇气。

茶马古道起源于唐宋时期的茶马互市,长期生活在高寒地区的藏民有着喝酥油茶抵御严寒的习惯。但藏地并不产茶,而内地民间役使和军队的征战则需要藏区、滇边等地出产的驮马。于是具有互补性的茶马交易应运而生,在横断高山深谷间南来北往,互通有无,形成了一条茶马古道。

而如今随着交通的便利,茶马古道已退出了历史舞台,成了一条在拉市海附近的山坡上专供游人骑乘、参观的线路。这里骑马不同于草原戈壁,每一步都走得十分艰难,尤其是当天下起了雨,整条山道变得泥泞不堪。在石路上很滑,走到泥路又深一脚浅一脚的东倒西歪。可谓步步艰辛,真是深刻体会到了当年马帮的不易。

差不多两个小时走完了行程,途中在与马夫的交流中得知这些马全是被阉割过的"太监马",如果不这样做会很难驯服,可怜的小马为了服务游客注定逃不过被人宰割的命运。又觉得很愧疚,与其如此,不如将它永远当作一段不去体验的历史,也好让这些生灵好过一点。不过茶马古道自古如此,任何灿烂的背后总会有一些辛酸、残忍与付出的代价,何况是动物呢?

不远处的拉市海是一座湿地公园,可是那天天气阴沉,无法欣赏到它的美景,仅是乘坐铁皮筏子环湖一周。湖面上长满了"水性杨花",当地人经常采来做饭,久而久之成了纳西族的一道名菜。再往深处会看到水中的森林,我很好奇这里植物的根茎究竟有多发达?能够直插水底并在水面生长出枝繁叶茂。

出了拉市海,回程途中还顺道逛了一下丽江古城的另一古镇——束河古镇,大研、束河、白沙构成了整个丽江古城。这里相比居住的大研古镇清静许多,可能是因为人少的原因,这个古镇是允许骑单车的。若是在晴天,一路从大研古镇骑过来会是件很享受的事,因为这里没有沙尘,也没有雾霾和大城市拥挤不动的交通。有的只是想让人多呼吸几口的清新空气。

拉市海中生长的植物

我心中的日月

"香格里拉",一个听起来就很美的名字,带着一丝异域的妖娆。关于它名字的起源有人说是出自作家詹姆斯·希尔顿的小说《消失的地平线》——shangri-la,也有记载是出自藏语——心中日月的诠释。我更认同后者,因为这里是藏族几千年宁静平和的世外桃源。此趟云南之行,若是让我只推荐出一个地方,那必然会是香格里拉,这片人间少有的完美保留自然生态和民族传统文化的净土。

来到云南的第三天,我踏上了前往香格里拉的路,去寻找消失的地平线。清晨的薄雾还未散去,此时已行车在了滇藏公路上,进藏的公路分为四条,各有千秋。青藏线是大家最为熟知的,也是最常走的一条;新藏线人迹罕至,要一路途经边境翻过藏北无人区,但也最原生态;川藏线以险著称,山崖下是湍急的雅鲁藏布江;滇藏线则是穿过风景秀丽的彩云之南,到达心中的日月。

到迪庆藏族自治州的第一站是位于丽江与香格里拉交界处金沙江上的虎跳峡,它是仅次于雅鲁藏布江大峡谷之外的世界第二大峡谷,落差 3900 米,水势凶猛,还未亲眼所见已闻得其声,引得山谷轰鸣。

被誉为"万里长江第一险"的虎跳峡

第三章 云南

滔滔江水在宽度仅为 30 米处急转直下,好似一头头强壮的猛虎肩背相继,一跃而起。激起的浪花溅在身上,分不清是天上下的雨还是浪花形成的水雾。在滔滔滚滚的江水前,伫立凝神,除了感叹再无他想。大自然的奇迹令人叹为观止。虎跳峡并没有看到老虎,心中却有猛虎跳过,还把威风凛凛的长啸留在了心底。

香格里拉是藏传佛教之地,因此寺庙也特别多,以松赞林寺与大佛寺最为出名。拥有世界上最大转经筒的大佛寺建在山上,往下望去,就可以看到不久前被一场大火烧毁掉三分之二的月光古城,目前还在维修重建。景色有时就是这样,早些时候没能欣赏,或许一夜之间就不复存在,遗憾这座千年的古城就这样瞬间消失殆尽。

到达市区时已是傍晚,这里属于平均海拔 3000 多米的青藏高原,不过身体状况一切正常,第一次在海拔这么高的地方竟一觉睡到了天明。借着晨光,赶往我国第

大佛寺的转经筒

085

20岁的旅行手记
下一站，会是哪里

一个国家公园——普达措。

随着汽车的行驶，海拔越攀越高，空气也透着几丝凉意，让人逐渐清醒过来，还未来得及擦去车窗的哈气，就已经到了公园的大门口。普达措国家公园，仔细观察发现"公园"二字并没有前缀，也就是说有别于"国家森林公园""国家地质公园"等。既然称得起国家公园，又是我国的第一个，那必定有它的独到之处，心情早已跟随这晨光，照进了公园里，飞到了这片充满神秘与未知的地方。

这座公园面积很大，由蜀都湖、碧塔海和原生态牧民村庄组成。蜀都湖与碧塔海两颗晶莹剔透的高原明珠一南一北镶嵌在美丽的高山草甸上。蜀都湖因属都岗得名，当地人也叫它属都岗湖，距离碧塔海十多公里，四周群山环抱，原始森林遮天蔽日，海拔3700米，积水面积15平方千米，是高原冰碛湖，也是香格里拉境内最大的淡水湖之一，有着高原仙子之称。

"晨雾倒影"是这里一大绝景，由于清晨的低温，使得湖面升腾出一层虚幻缥缈的白雾，与天空上飘过的白云相辅相成。这位"高原仙子"披着轻纱，在天地间起舞，把自己的身影投进湖面，想去专注地看清楚却又消失不见，摄人心魄，令人流连。

寻找"消失的地平线"是每个人到香格里拉的目的，这块永恒祥和土地的核心便是眼前的碧塔海。藏语"碧塔"是栎树成林的地方，碧塔海又意为宁静的海，周围苍松古栎，碧塔海就好比这镶在群山之中的一颗绿松石，在黛色群山的呵护下，感觉不到一丝污染。

普达措风光

普达措风光

湖水就像是一面镜子，不光是能完整地将群山对称在水中，更可以映射出自己的心灵之镜。湖面平静到就算是投下一枚小石子所泛起的波澜都会把它打扰。人与自然就这样融合在了一起。太阳光泛出缕缕金辉，山光水色融为一体，"半湖青山半湖水"。据说每逢五月杜鹃开花的季节，湖畔的杜鹃花瓣纷纷飘落水中，引得游鱼来吃，吞食了花瓣的鱼竟醉倒在了湖面上，林中的老熊也会趁着月色来捞食这浑醉之鱼。当然在这个季节既没有见到杜鹃开花，也未看到漂浮的醉鱼，更不可能遇上贪吃的老熊，可置身于这般原生态的仙境之中，闭上双目，一切景象皆已浮现。

　　再往前走一点，是广阔的草甸，成群的牛羊悠然徜徉于草甸上。有些正俯下身在小溪喝水，即使见到游人也毫不惧色，好像知道它们才是这里的主人，我们才是往来的宾客。

　　良辰美景奈何天，七彩云南最美在香格里拉，把最好的回忆留在了普达措。无论是相机还是文笔都不能将它完整地复制下来，唯独身临其境，在眼见与臆想中把它展现。并成为心中永恒的一片净土。

九死一生，泸沽湖

从香格里拉回到丽江后，经过了一天的休整，隔日按原定计划前往泸沽湖。恰逢修路施工期，这使得原本五小时的路程延长到了七个多小时。很多时间不充足的游客统统放弃了这条线路，而我也是一个特别厌烦坐长途车的人，但为了不把旅行留下遗憾，一咬牙毅然走上了这条令人九死一生的旅途。

开往泸沽湖的路走得实在不易，我怎么也想不到仅在市区行驶了半个小时，就驶入了漫长的盘山公路，山路十八弯，一直到泸沽湖都没有一条像样的公路。

汽车在蜿蜒陡峭的山道上左拐右绕了七个多小时，沿途全是云贵高原标志性的红色梯田，千沟万壑，自己的生命安全全凭司机一人手中的方向盘去操控。这条山路也绝非平坦，石灰瓦砾颠簸着小心脏，一路上路过了很多农家，此刻更像是去拍摄"变形计"，切身感到了确实有这样的地方存在，也的确有人生活在这里。交通阻碍了这里的发展，大山挡住了孩子开眼看世界的愿望，在我们看来再平常不过的城市生活却是他们遥不可及的。

经过了半天的行程，终于远远望到了泸沽湖著名的女神山和鳄

第三章 云南

泸沽湖·里格半岛

鱼岛，再往山下走一点，整个湖景呈现得更加完美了，云海与湖面连在一起，阳光也很充足，七小时长途奔波的疲劳一扫而空，此刻只想迫不及待地跑到湖边去亲近一下。

这是一片未被任何污染的"处女湖"，由于位居深山，路程波折遥远，因而一切都保留了最原始的风景。为了能够离湖再近一点，特意将客栈选在了里格半岛，三面环水，只有北面有一条与陆地接壤的小路，推开窗户就是泸沽湖。

当地世世代代生活着一群至今仍延续着母系社会的摩梭人，由于他们"走婚"的习俗，又被称为"摸索人"，在白天摩梭男女很少能单独相处，只有在聚会上以唱歌跳舞、抠手心的方式对意中人表达心意。男子若是对女子倾心的话，在白天约好后，会在半夜时分到该女子的房屋，但不能于正门进入，而是要爬窗，再把帽子等具有代表性的物品挂在门外，表示两人正在约会，提醒他人不要打扰。然后在天未亮的时候就必须离开，若是在天亮后或女方家长辈起床之后再离开则会被视为无礼。女方如果怀孕生子，都是不需要男方负责的，有的孩子可能一辈子也不知道自己的亲生父亲是谁。当然男方与女方商量过后也可以向女方家的祖母进行登门提亲，若不成则不能再打扰，双方再走婚下一个对象。

当天傍晚，到了当地的摩梭人家去参观，他们的房屋结构很有特点，屋顶很高，阳光可以通过房梁间的空隙照射进来，据说连丽江最有名的一米阳光酒吧都是被这种独特的建筑风格激起了灵感呢。房屋的正厅就是他们的祖母屋，祖母是在这一家人中地位最高的一位，所以她的房间也最为高大。屋中有一道被他们称为"生死门"的小门，摩梭人出生就是在这道门后，而去世也会经这道门抬出去，所谓从何处来终回何处去，颇有落叶归根的味道。但又觉得十分诡异，看着那道小门心里有些发毛。每个民族部落都有着自己的风俗传统，这可以说是一个一脉相承的文化，外人是不能理解的，但也要保持着一份尊重。

夜晚回到客栈，坐在阳台上，楼下的小酒馆伴着湖光月色飘来歌声，比起别处欢歌热舞，缓慢抒情的曲调更适合眼下的氛围。

客栈阳台下的小酒馆

我在清晨的湖面上乘坐小船驶出半岛

20 岁的旅行手记
下一站，会是哪里

夜空中最亮的星，能否听清

那仰望的人，心底的孤独和叹息

夜空中最亮的星，能否记起

曾与我同行，消失在风里的身影

湖边的日出很早，一切都还沉浸在梦里，一束阳光把还在熟睡中的我叫醒，整装待发进行今天的环湖游。

乘坐小船向半岛外划去，行驶到中央时湖水依然是见底的清澈，不敢相信此处已是十几米深了，划船的阿妈告诉我这里的水是可以

从半山腰上观望里格半岛

直接喝的，我也入乡随俗地喝了几口，但想起这里被称作"女儿国"，不知道喝了这湖水会不会像唐僧师徒一样大了肚子呢？

靠边停船后，从岛外看去里格半岛在晨雾中若隐若现，岸边的格桑花在盛开中装点着整个岛屿。

"人生的风景，亲像大海的风涌，有时猛，有时平"。泸沽湖就像一朵长满刺的玫瑰花，有着美丽的同时，想伸手去摸，却又被狠狠地刺了一下。

趁着阳光，便决定今天环湖的方式是骑摩托车，本来还有些担心，可在山路上骑了一段后发现像是追风少年一般的过瘾。在悬崖上飙车的同时又可以欣赏到一路的风景，走走停停，登高望远，真是件快事。可意外也总会在没有预知的情况下发生，到来之时定会令人措手不及。

由于前些天的下雨，山顶的落石滑落堆积在了路面，本身只有十米左右宽的山路被占据了一半。在看到落石堆时已来不及将车停住，情急之下只有两种选择，一是撞上去，二是急打方向绕过去，可右边就是悬崖，一旦没有控制好将直接飞出悬崖，

当时的事故现场

无奈只好撞向了落石。这一下猛烈的撞击摩托车的油箱当场摔漏，身上多处地方也都受了伤，眼前被强大的撞击力冲击地一片漆黑，完全是凭意识站了起来。

在同行朋友的帮助下回到山下，简单地清理了伤口，这时才回过神来。诊所的大夫告诉我说这已经算是摔得较轻的了，这里每年骑车都会摔死人，或者摔残、毁容。所幸这次有惊无险，也算是不幸中的万幸了吧！倘若真是在这里伤势惨重，那赶到最近的大医院也要七八个小时，想想这条"死亡公路"整个背后都在冒汗。

在经过一中午短暂的修养后，下午还是坚持了一下选择包车去了草海。到了草海就算是到了四川省，这里是一片风景秀美的狭长湿地，生长着广袤的芦苇和各种水草，野鸭从跟前成群游过。乘坐猪槽船穿梭于沼泽之间，其中很大一片水草长得十分茂盛，日积月累形成了一片草垫，踩在上面很松软，即使蹦蹦跳跳也没有丝毫问题。

草海名副其实，但之前受了一些外伤，只能下了船在周围感受一下。乘坐猪槽船离开时，天空中云压得很低，一道金光直穿云层照了下来，云间瞬间被炸开了一个大窟窿，映射着波光粼粼的湖面，以及随风起伏的芦苇。望着眼前这道金光，读懂了旅行的意义。

在离开泸沽湖的返程途中下起了雨，又遇上了大雾，车窗外是白茫茫的一片，大概只有几米的能见度。好多车辆都在这盘山公路上出了事故，一路上一颗心时刻都在悬着，在漫长的十小时后，终于活着回到了丽江。泸沽湖带给我的经历毕生难忘，什么时候看到

泸沽湖·草海

那几条留在身上的疤痕就会想起那朵带刺的玫瑰，那座与世隔绝的"女儿国"。或许上天赐予它的位置就是不想被外人打扰，让它永远留给世人最美的传说。泸沽湖，九死一生的地方。

  一年之后，泸沽湖已经开通了到达昆明的航班。至此之后，再到泸沽湖终于不必大费周折，但轻而易举就能到达会不会就显得没有那么耐人寻味了？事物都是把双刃剑，随着来往游客的增多，相信人文会被改变，但愿环境不要被破坏。

一路向西,去大理

> "是不是对生活不太满意,
> 很久没有笑过,又不知为何
> 既然不快乐又不喜欢这里
> 不如一路向西去大理。"

一首《去大理》,一部《心花路放》让大理这个地方又火了一把,成了很多人心中放松生活的最佳去处。苍山洱海,风花雪月。这个西南小城着实令人心驰神往。第一次听说大理这个地名是在小时候看的电视剧《还珠格格》上,可最终他们也没能到达大理。比起他们我算是幸运的,虽然之前在泸沽湖受了一些伤,可云南之行的最后一站,还是按原定计划来到了大理。从丽江到大理只需要两个多小时的火车。由于只安排了三天两夜的行程,我便把整体方向分成了三块:古城、苍山、洱海。

初到大理的第一天在古城中晃晃悠悠渡过了。"一水绕苍山,苍山抱古城",大理的古城比起丽江反而更让人觉得原汁原味,因为它至今为止仍是一个生活区,格局也简单明朗,横纵两条主干道连接东西南北四个大门。不像丽江古城那般交错复杂容易使人迷路。

一路从北门逛到南门大概需要一个钟头。古城的中心就是著名的洋人街了，但是在白天，只看到三三两两的外国情侣在露天的酒吧聊天。据说这里到了晚上才是无尽的不夜城，古朴的小酒吧、咖啡馆，散发出地地道道的欧式浪漫。

古城的南门是最热闹的，当年拍摄《西游记》就是在此取景。城墙旁边矗立着一块石碑，记载了大理曾经悠久辉煌的历史。这里曾是南诏国国都，在宋朝又是与当时政权分庭对立的大理国，看过《天龙八部》的武侠迷一定知道大理段氏世镇云南。后来的大理已找不到当年的辉煌，默默坐落在我国的西南边陲，直到有一天，它以美惊动了天下，人潮涌动而来，在新纪元又以另一种理由被人熟知，声名大噪。

登上城墙，象征着大理的崇圣寺三塔便会映入眼帘，三塔由一大二小三座佛塔组成，是大理标志性的建筑。背靠苍山，面临洱海，呈鼎立之势，典型的唐代风格，是大理国时期的皇家寺院，原庙宇在清朝咸丰年间已毁，唯有三塔保存完好，无言的矗立，见证着历史的沧桑变化，从城墙上眺望，雄浑壮丽。

在丽江喝过一种啤酒叫风花雪月，听上去就很怡人的四个字原是出自对大理的描述。"下关风，上关花，苍山雪，洱海月"，风、花、雪、月诉出各具特色的大理，即使不能完全见证这四景，来到大理也一定要登苍山，下洱海。

苍山位于洱海之西，因其山色苍翠，山顶点白而得名。不过随着气候变暖，如今只有在冬天才有机会望见山顶的一小点儿积雪。海拔 3000 多米的山脉为脚下的古城遮风挡雨，让大理成为四季如春的旅游热土。上天真的特别恩赐这片土地，青山绿水都被它占据了，绿波粼粼的湖水与两岸苍山相互辉映，组成了银苍玉洱的高原胜景。双廊是人们不远千里来此的首选之地，它拥有洱海最美的弧形海岸线。镇上的白族人家一直过着摇橹捕鱼的安逸生活，在这儿当然也要一睹他们用鱼鹰捕鱼的风采。

古城内的路标

泛舟于洱海之上，不远处的渔家小船又要出海了，聪明的鱼鹰是他们世代赖以生存的法宝。在特殊口令地指挥下，这群小家伙尽情展示着"水上漂"的绝学，能够迅速滑过水面，待腾飞之时口中必衔有一条大鱼。

20 岁的旅行手记
下一站，会是哪里

大理古城

夕阳西下，变幻中的云朵徐徐落下，洱海的水面将夕阳反射成了一条宽广的金色线条。忙碌了一天的渔民们也陆续回到家中。水波缓缓冲刷上岸，在阵阵波涛声下，迎面吹来醉人的"海风"，此时的双廊格外宁静，走在狭窄的街道上，感受属于这里的小城故事，生活不知不觉也变成了艺术。

第三章 云南

大理·洱海

摇曳的东巴风铃

再回到丽江已到了要说离别的时刻,旅行的时光因充实而显得漫长,每次结束时又觉得时间过得很快。十二天,如果以旅行来说,在一个地方玩这么久已经很长了。但对于云南这块七彩土地来说仿佛还有更多的景色值得去欣赏。

临走前,我在大水车旁的长廊上挂上了属于自己的东巴风铃。东巴风铃是一种仍在延伸的纳西族原始宗教信仰中的人神之乐,铃声清脆响亮,象征着东巴蛙神繁衍万物。

我没有在风铃的木牌上写下自己的愿望,而是记录了在云南到过的每一处地方。我想每当有风吹过,它在摇曳中叮当作响,就能把这段回忆传送给我。让我又感到了彩云之南的气息。仿佛听见了那首响遍丽江大街小巷的歌:

就在这一瞬间

才发现

你就在我身边

就在这一瞬间

才发现

失去了你的容颜

什么都能忘记

只是你的脸

什么都能改变

请在让我看你一眼

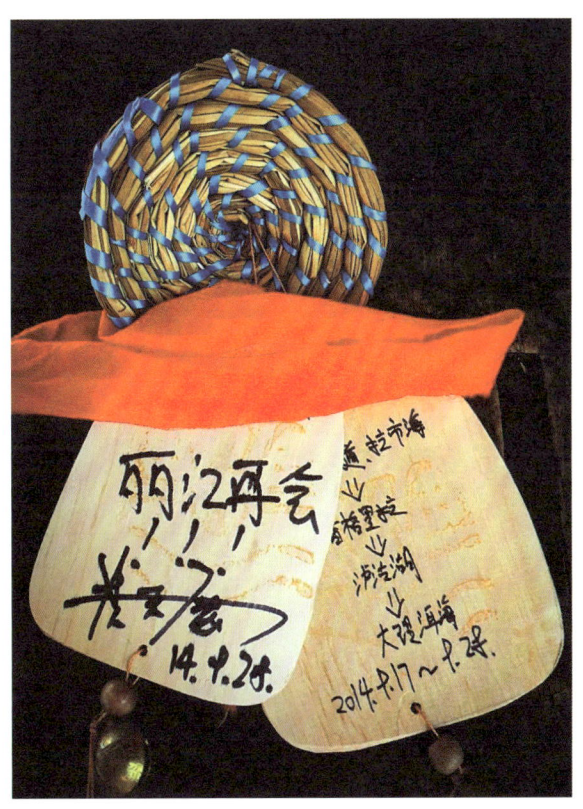

具有纪念意义的东巴风铃

第四章　台湾

第四章

台湾

我在台湾所收集的木牌明信片

台湾·台湾

台湾——一个从小就耳熟能详的地方,无论是语文书中所描绘的阿里山、日月潭,还是历史课本所讲的"郑成功收复台湾""汪辜会谈"等,在当时都勾起了我对祖国这块宝岛的无限的好奇。梦寐有天能够踏上去看一看。

从地图上看台湾岛,像是从太平洋中溅出的一颗水滴或是从亚欧大陆所迸出的一粒沙砾,隔着一道浅浅的海峡,与我们若即若离。

随着近些年两岸关系的缓和发展,使我们有幸能登陆这块一水相连的美丽宝岛,欣赏它的美,感悟它的文化与历史。

那一年,第一次登上台湾岛。

高雄，来去匆匆的第一站

高雄，这座台湾南部最大城市，作为第一站，为此趟台湾之旅拉开了序幕。

飞机经过三个小时的航行，着陆在小港机场。机场正如它的名字一样玲珑，不过我很喜欢这种小机场，可以免去兜兜转转的麻烦。虽是在冬季，高雄仍有着20多度的高温，幸好来时就没有穿得很厚，看着一个个裹着羽绒大衣出境的游客，心中不由暗喜提前看了天气情况。

这里虽是台湾仅次于省会台北的第二大城市，可比起大陆的大城市规模还是要小很多。横纵两条捷运线基本可以通向市内各个重要的地方了。在飞机上听台湾人讲高雄是一个工业城市，空气不怎么好，等等，可到了之后才发现这里蓝天白云，区区一丝污染对于时常被笼罩在雾霾中的我，真的是小巫见大巫了。

此次的行程路线计划从高雄到台湾岛最南端的垦丁，然后一路往北逆玩台湾。由于只有10天时间，想环岛把每个地方都玩得精细是不可能完成的。就把东部沿海的台东、花莲等地作为再来台湾的理由吧！在高雄也只匆匆停留了一晚。

20岁的旅行手记
下一站，会是哪里

打狗铁道故事馆

  一天的时间，当然会挑最有名气的地方去。在酒店放下行李后，首先来到了南部最高建筑——高雄85大楼。这里是高雄最繁华的商圈，却和我想象的大不一样。马路十分空旷，没有什么行人，比起大陆的商业圈这里实在是太冷清了。一下子不习惯，失去了人潮便不知从何处逛起。在十字路口仰望了一下孤零零的大楼后，便又前往下一站——西子湾。

  "西子湾"位于城西高雄港旁。是一个浑然天成的湾澳，以日落美景著称。下了捷运发现离赏日落的最佳地点还有一段距离，就打算租上脚踏车一路骑过去。这样到了西子湾刚好赶上日落时间。

途中还经过了一处叫作"打狗铁道故事馆"的地方,听名字就很有趣。原来高雄原先在该地原住民口中就被称作"takau",后汉译为"打狗"。在日据时期因其名不雅,故改名为日语高雄。从地名也看得出日据时代的 50 年给台湾留下的历史痕迹。

一路轻松地骑行,不一会儿就到了西子湾港口。天色向晚,不少旅行团也陆续来到此地,为原本清静的西子湾增添了几分人气。西子夕照为台湾八大胜景之一,此时人们已在长长的堤岸上摆好了

西子湾日落

20岁的旅行手记
下一站，会是哪里

守候的姿势，准备好欣赏夕阳最后的演出。

海水在堤岸下奔涌，身上不时会被溅上水花。不远处是一艘艘忙碌的轮渡，伴随着阵阵汽笛声驶出或靠岸。夕阳的余晖缓缓漫溢过来，浸没了眼前这一切，给整个港湾穿上了一层金纱，气氛庄严不失温柔。

日落的速度是缓慢的，带着几许感伤，几许安详。海的对岸就是厦门，据说当年著名诗人余光中就是站在这里，面对着烟波浩渺的台湾海峡，写下了《乡愁》这首诗。此时此景更能够深刻体会到诗人的触景生情。余光中只是那个时代千千万万与故乡分离的人的一个缩影。1949年的那次大离别，又有多少人与家人永隔一江水，一去不回头。直到现在港口附近还可以撞见一些当年从大陆来到台湾的老兵。他们每天面对着海峡喝喝茶聊天，经过了半个多世纪，在那一头的故土或许已经找不到曾经的亲人。也只有把这里当成他们的家，用乡音去排解乡愁与寂寞。

观赏完西子湾的日落来到高雄晚上最不可错过的六合夜市。一早就向往台湾夜市的各种小吃，现在就以六合作为第一站。由于高雄是一个渔港，六合夜市的食物也充满了海味特色，随处可以见到花枝、石蟹、八爪鱼等海鲜。做法上也保留了其原汁原味，好吃且不贵。这里常年高温，饮品也以冰镇为主，不管是冰沙或是奶昔都充满了浓浓的热带水果风情。

匆匆一天的行程只能对高雄做总览，没能细品它的风景文化。

来到这里，首先感到很热，就算是在傍晚，骑上一会儿单车还要脱去外套。大概是由于气候所致，高雄人民的性格也格外古道热肠。在台湾的十天当中，途经了多个城市，虽说台湾人民整体都给人留下了特别好的印象，但高雄是我认为最具人情味的地方。在马路上，交警会向你微笑，友善地提醒你尽量靠右注意车辆。在酒店，服务员即使下了电梯也会帮你按下关门键。就连在夜市摊，老板都会大方地伸出 V 字手配合你拍照。就连许多台湾本地人评价起高雄人时都会说"很热情哦"！

来台第一天，就被热情的高雄人民证明了"台湾最美的风景是人"这句话。

垦丁天晴

垦丁，一开始就是这次来到台湾的主要目的地。住上面朝大海，春暖花开的房子是躲避内地严冬的最好方式。带着这份小愿望，第二天便从高雄开往垦丁。垦丁，本意为开垦的壮丁。得名于清朝同治时期，从大陆来此开垦的一批壮丁。整个观光地区组成了台湾第一座国家公园——垦丁国家公园。相比大陆第一座位于香格里拉的普达措国家公园，有着大不一样的风景。这里三面都是湛蓝清澈的大海，东面是太平洋，西有台湾海峡，南边是与菲律宾隔海相望的巴士海峡。

如果在大陆要到海边去旅行，三亚当仁不让是首选。而垦丁就如同台湾的亚龙湾，拥有一望无际的碧海蓝天。但相比三亚我更热衷于垦丁的风景，因为这里不光有阳光、沙滩。还有在三亚不曾有过的断崖景观与令人格外放松的氛围。

从高雄往南，沿长长的屏鹅公路，大概两小时就到了垦丁。一路上与司机师傅聊天时间过得很快。沿途还买了好多农户刚刚采摘下来的莲雾，水分充足，吃起来清脆可口。在这儿可得多吃几个，在大陆这可是贵族水果，买一个的价钱在这里足够买一袋子呢。

第四章 台湾

垦丁民宿的阳台

在垦丁，一定要选择面朝海边又临近垦丁大街的民宿，这样晚上就可以在大街的夜市饱餐一顿后听着涛声入眠了。如果能够早起，直接站在阳台上就可以欣赏海上的日出。

在民宿安顿好后，包车来的师傅开始带领着恒春半岛东半部的环岛之行。恒春半岛分别向南分叉出两条线路，从地图上看好像两根小小的犄角。这便是"猫鼻头"与"鹅銮鼻"，这两根小犄角构成了垦丁公园的精华。今天游览的是东边的鹅銮鼻，至于猫鼻头，打算明日自己骑车前往。

进入鹅銮鼻公园，算是真正来到了台湾岛的最南端，远远望去就可以看到台湾光力最强，也预示着最南端的鹅銮鼻灯塔。纯白色建筑的灯塔有21米高，是台湾传统型灯塔，被一大片绿地所环绕，矗立在海风中。站在灯塔下，可以远眺巴士海峡，与碧海蓝天形成一道风景线。没来之前就已经通过照片资料对这座灯塔有所了解，真正来到它的脚下时，还是会突然有种

垦丁大街上的一家服装店

像是在电影中的画面感。

　　沿不平整的鹅銮鼻公园步道,穿过一片小树林,前面就是巴士海峡。这里珊瑚虫生长旺盛,日积月累形成了典型并且独特的珊瑚礁海岸线,由于常年被海浪冲刷,形态各式各样。走出鹅銮鼻公园,又先后到了东部其他几个太平洋沿岸的景点。其中龙磐公园的断崖景观十分壮

我在夜晚的垦丁街道

观。去过很多次海边,可见到断崖还是第一次。这座断崖足有几十米高,往下望去是惊涛拍岸的浪潮,伴随强劲有力的海风,令人不寒而栗。

　　一圈转下来后回到民宿已是晚上。绕过屋子后院的小道,白天还安安静静的垦丁大街此时已准备好了它带有滨海风情的夜生活。一家家酒吧、饭馆、商店放着动感的音乐招揽顾客。还有那伴着啤酒、海鲜烧烤的街头音乐。街上行人熙熙攘攘,神采奕奕地在路边吃东西或是在商店选购必备的海滩用品。其实每年4月才是这里最热闹的时候,因为一年一度的垦丁音乐节将会在这里举行。小型户外演

唱会接连登场，也会有知名音乐人或不知名的地下乐队来这里演出。让海风随着音乐尽情摇摆。虽然这次没能赶上音乐节，可垦丁大街每晚都在用它的动感气息召唤着来此的游客，告诉他们享受垦丁之夜的最佳去处！

落山风下　平凡之路

在垦丁一定要像当地人一样骑上机车,在乡野间穿梭一把,自己去寻找多样的海岸,不一样的风景。在当地租上一天机车大概要600台币,老板会给你一张地图,垦丁的路很容易摸索。当然在租车时老板也要先对你的驾车技术进行一定考验,认为合格后才放心将车租给你。一切准备妥当后,今天设置的路线是恒春半岛的西半部,绕过整个猫鼻头公园最后到达白沙湾,来回有60多公里的路程。

骑上车后,在海岸公路上前行,十分钟就到了第一个景点——南湾。这是一个海水浴场,由于是冬天的缘故,海滩上没有太多游客,下海的人更是寥寥无几。不过看到久违的沙滩海浪还是一下子将心情勾进了海里,即使没有下海,但能够穿着沙滩裤借着暖暖的阳光在海边踏一踏浪也是件快事。南湾的海水很干净,稀少的游客更衬出大海本身的美感。若是到了旺季,来自本岛以及各地游客将会云集于此度假。到时的海滨浴场才会露出它应有的热闹。下次来垦丁,要选择一个适合下海的季节,在这里进行各类水上活动,与垦丁来一次更亲密的接触。

路过了南湾,便开始了最漫长的一段骑行。渐渐驶出了城镇,

20 岁的旅行手记
下一站，会是哪里

南湾海滩

周围是一块块田野与苍翠的树林。笔直的公路上看不到什么车子，偶尔会听到耳边有机车呼啸而过。看着旁边一成不变的田野与树林，感觉骑了好久。等再看到路标时，早已超过了猫鼻头，到了原本应该作为终点的白沙湾。既然已经到这儿了，就先从这里开始吧。

　　白沙湾的人气要比南湾旺很多，因为这里曾是《海角七号》的拍摄地，主人公友子与阿嘉于此相拥。我在 2009 年时看过这部电影，对那个借着海边日落一对情侣真情抱在一起的画面仍记忆犹新。不管是旅行团或是慕名而来的散客，到了垦丁都会来这个沙滩。洁白的沙粒均匀且晶莹明亮，还有着那个动人的爱情故事，说不定到此的人都会带些桃花运回去呢？

　　从白沙湾折回猫鼻头需要绕行一小段岔路，当时就是只顾埋头骑车没有用心去看路标指示才意外先到了终点。由于一路上都没有看到过多的人和车辆，到了公园才吃惊地发现不知一下子从何处冒出这么多人来。此时的落山风已从来时的微风阵阵变成了呼呼作响。在缺少遮挡物的公园里更是吹的肆无忌惮。越是往上走就越能感到它的威力。公园的尽头是一个很高的断崖,观景台上布满了游客。往下望是两块活脱脱像两只面朝大海蹲伏着的猫咪般的礁石。"猫咪"所占据的地点也正是台湾海峡与巴士海峡的分界点,猫鼻头因此得名。这里地势西高东低,风高浪急。岩石与珊瑚礁在海浪的侵蚀下形成了五线谱般的形态。仿佛这呼啸的风声就是它奏出的曲子,强劲有力,久久迂回于耳边。

湛蓝色的海水在沿岸激涌出一大片雪白的浪花,清亮的天空下

电影《海角七号》剧照

猫鼻头公园的清水断崖

20岁的旅行手记
下一站，会是哪里

是一幅碧海蓝天画。现在想起都会忍不住要拿出手机翻出来回味一下那个令人牵肠挂肚的清水断崖图。

  返程的路上，落山风吹得起劲。垦丁的落山风是出了名的，是恒春半岛冬季特有的天气现象。从每年的十月到来年三月，冬季冷气团沿着中央山脉南下。当到达恒春半岛时，因通过各个峡谷山脉，风力突然增强，加上半岛本身地势陡降，海面广阔，强风就形成了直扑之势。当地居民便将这种气象称之为落山风。这次的亲身体会更感叹于它的汹涌。

  一路上顶着风力前行，不得不加大马力。乡镇的公路在黄昏此时格外宁静，沿途只看到一些从后壁湖渔港忙碌了一天往家赶的渔民。当地人似乎早已对这强风司空见惯，并没有影响到往日平和的生活。其实，作为一名到此游客，也要接纳此处最真实的一面，像本土人一样去体味属于这里的生活。此时不是应该坐在大巴车内遮风挡雨，而是需要眼前落山风下的平凡之路。

垦丁公路

恒春小镇　国境之南

"如果海会说话,如果风爱上沙,如果有些想念遗忘在某个长假……"岛之南,天之远的垦丁在《海角七号》这部电影之后更热了。时间很快,今天将是这次旅行在垦丁的最后一天了。怀着对电影的探索,跟随海角七号的足迹来到了恒春小镇。

小镇离繁闹的垦丁大街有半小时的车程,古城大门进去后便是真正到了当地人世代生活的地方。有几间厝,用砖仔砌砌看起来普普通通,这是恒春老街给我的第一印象。《海角七号》的主要拍摄场景都取决于这里。其中以阿嘉的家出镜率最高。远远就可以看到"海角七号"四个大字喷在墙上,房屋的门牌号码正是写着"恒春郡·海角七番"。门口卖着一些有关电影的纪念品,旁边的邮筒格外引人注意,上面刻着电影里的那段故事:

60年前,在抗战取得胜利,日本投降后,那些日据时代在台的日本人都要回国。而一对相恋的异国恋人也要因此分开。在大历史的环境下,小人物的命运往往显得渺小又无力,结局更是令人心酸。但在半个多世纪后,又是沿着这条故事轨迹成就了友子与阿嘉这对中日恋人,见证了当年残缺爱情的回归。电影主题曲那句"我把对

20 岁的旅行手记
下一站，会是哪里

阿嘉的家外墙

你的思念写在海角上，寄给那年七号的雨季，有些爱不怕时间太漫长，已经生长在心里"，更是耐人寻味。可能正是因其强烈的故事性，才能够让这部小成本的爱情电影抓住了观众的心。

有趣的是这座邮筒可不只是摆设，是真的可以用来寄信的。在这里买了明信片并盖上专属印章寄向远方，海角七号因信件而起，那邮筒固然也必不可少。

如果想进屋去参观，需要额外收取 50 台币的费用。但到了里面会感到这并不过分，房东的女儿是一名智力有缺陷的女孩，面容看上去只有十几岁，实在想象不到她已是 27 岁的大姑娘了。房东阿姨对自己女儿的夸赞丝毫不吝啬，不住地说如果要到二层阁楼拍照的话可以让她女儿帮忙，还一直重复她的拍照技术一流，好多电视台与微博都来做过采访。进屋后给人留下深刻记忆的不是友子与阿嘉在这里生活的环境，也不是那把在戏中被摔断了弦的吉他，而是那份令人感动的母爱。

房东还说当年魏德圣导演拍《海角七号》时很穷，剧组都没什么钱的，她就免费把房子借给他们用，并水电费全免。随着当年电影的火热，慕名而来的人很多，现在看来她是赚到了，我想会不会是当年魏导也打算借此机会有意帮他们一把呢？

从恒春镇回来，太阳快要落山了。站在民宿的阳台上看到对面的海，也隐约泛出一层淡淡的暗红色，海边一群不知名的小鸟叽叽喳喳在低空盘旋，这一切都在映衬着想要到海边去看日落的心情。

20 岁的旅行手记
下一站，会是哪里

　　见了那么多次海，可完完整整地欣赏完一次海边日落还是头一回。原来太阳在海面的映照下落下去会呈现出这么多种不同的色调。时而昏暗时而明亮，最后即将消逝之际是最美的。淡蓝色中夹着一缕金光，就连涨潮的海水也显得波光粼粼。沙滩上的小石子被映成暗紫色，一切都是不曾见过的美好。想想伴随着这场日落明天一早就要离开垦丁，心情有些沮丧，难舍这片安逸的国境之南。

　　耳边又回响起那首歌："当阳光再次离开太晴朗的国境之南，在告别前用微笑全归还……"在垦丁的短短三日便爱上了这个地方，记得当年也有一段"我在垦丁天晴"的时光。

　　垦丁，我认为是特别适合情侣一起来的一处地方。骑上机车穿梭在这座小镇，享受着阳光、沙滩与海浪。住在临近海边的小房子里去体味台湾的民宿风情。

台湾中部行记

一

提起台湾旅游,大陆每个人想到的第一个景点一定是日月潭,它是几代人从小就学过的一篇课文。来台湾的每位游人也都会到日月潭一观这个独居情结的地方。

原本以为从台湾岛最南端的垦丁到达位于台湾中部的日月潭需要费一些周折,可一路高速车开得很顺畅,只是到了南投才需经一段山路。日月潭是属于高山湖泊,在南投县鱼池乡,是台湾地区最大的湖泊。

黑油油的山路,绕着山的等高线爬升。早晨从垦丁出发,此时已到了中午。不知何时,车子在经过一个拐弯后一潭好水突然扑面而来。不由惊呼:"啊!是日月潭!"车沿山路继续盘旋而上,透过车窗看到许多骑单车环湖的人们,他们正沐着午后的骄阳醉心其中。

泛舟于日月潭是人们首选的游湖方式。车子停靠在了水社码头,码头上有多家公司的游艇。它们的门票也很特别,是在买过票的乘

20岁的旅行手记
下一站，会是哪里

特殊的船票

日月潭码头

客手上盖一个属于他们公司的印章。每个公司用花形图案来区别自家乘客，简单又环保。

　　登上船的那一刻，心情一下子被眼前浩浩渺渺的800顷波光所吸引，周围的青山都仿佛变小了许多。快靠近岸边时，听到远处传来美妙的歌声"高山青，涧水蓝，阿里山的姑娘美如水呀……"跟随这熟悉的歌声，不由加快了下船的

20 岁的旅行手记
下一站，会是哪里

脚步。在第一个景点玄光寺前，人群中看到两个少女一边敲鼓一边唱歌，可确实与所唱的"美如水"沾不上边儿。她们肤色很深，身材也有几分臃肿，不过嗓音的确是好，特别的原生态。在这高山绿水间生活的原住民大多能歌善舞，并且保留下来了最初与真实的一面。

玄光寺近年来因一家金盆阿婆茶叶蛋出了名，这是一家 50 年的老店了，来此游客必会买上两个尝一尝，味道也不错。虽然台湾每家便利店都会有卖茶叶蛋的，但当属这家最为正宗。前几年因为

我在日月潭的游艇上

"大陆人民消费不起茶叶蛋"的话题言论,台湾某教授在综艺节目还闹过笑话。所以来到台湾一定要吃它个够!

再次坐上船缓缓行进,下一个景点伊达邵出现在了眼前。它上面那座九层高的慈恩塔实在太醒目了,是蒋介石退居台湾后为缅怀亡母而建。旁边是日据时代所建的涵碧楼,光复后被蒋介石收为了行馆,现在则是全台湾最知名的度假酒店之一。这里还生活着少数民族邵族,刚刚那两个唱歌弹琴的少女也是邵族人,他们在这里做着一些小生意或为游客表演节目,十分热情,即使没有给小费也都会大方地与人合照。伊达邵往里走是一条专卖小吃和旅行礼品的街道,通常游客都会在此填一下肚子,所以热闹异常。

不知不觉在日月潭几个钟头就过去了,但还未把它游览足够,毕竟是儿时就想着要来的一处地方。它柔美得把所有多姿多彩都汇聚在了这一汪湖水中,水的色调十分分明,有碧绿的、青蓝的,整体看上去又是湛蓝色的,连天空与环绕的青山都化作了它的陪衬。在台湾这样一个小岛上,能有如此壮观湖景实在令人惊叹与赞美。

这次日月潭之行,是像多数游客一样的匆匆一别。没有来得及住在湖岸边的小房子里静静地陪它渡过完整的一天,感受它晨昏月夜的不同风韵。虽然在大陆见惯了各种湖泊,有比它面积大的,也有比它更清澈的,可日月潭作为宝岛的标志,并没有逊色,以它波澜不惊,神秘宁静留住了游人的心。

来到日月潭,只要带着一颗想去拥抱它的心就不会失望。这汪北如日轮，南似月钩的潭水，就像王力宏的那句歌词"心中的日月，落在这里，旅程的前后多余只为遇到你"。

二

当天下午游览完日月潭就直奔清境而去。在周末许多本地人也会把清境农场当作打发周末的选择，怕去得太晚难以找到住宿的地方。汽车在中横公路往上蜿蜒，时而会出现耳鸣的反应，因为海拔

国民宾馆的风车

小瑞士花园　　　　　　　　　清境农场大门

也在不断升高，到清境时已有 1750 公尺了。气温也骤然下降到了个位数，从垦丁过来并没有穿太厚的衣服，一到清境便迫不及待去找民宿落脚。汽车停在国民宾馆这一块，周围是清境最繁华的一个小商圈，民宿都建在半山腰上，实在没有精力再去拉着行李箱往上一边爬一边找了，就决定在国民宾馆住下，这样明天去农场也方便乘车。

国民宾馆是整个清境唯一一家国营的酒店，规模也是这附近最大的。虽然比起民宿较没有特色，可胜在它的核心位置，而且还赠送了第二天去青青草原的门票。

到了房间急忙换上最厚的衣服，可还是觉得冷飕飕的。早上还在

20 岁的旅行手记
下一站，会是哪里

垦丁"过夏天"，谁知到了清境天气立马变了脸。想打开空调取一下暖，却发现这里是没有空调的，晚上只有多盖一层羊绒毯子保暖了。反正只住一夜，忍一下就过去了。宾馆的内部装修都与清境农场息息相关，门口摆放着许多小羊玩具、风车和造型别致的绵羊车，整体看上去完全的欧式风格，有趣的是就连洗漱用品的外包装都画着可爱的小羊。出了宾馆对面的小山坡上就是这里夜生活的集中地，小瑞士花园就在这后面。晚上小花园的音乐喷泉很漂亮，里面小而精致，把每一处地方都运用得井井有条。晚上的气温实在太低了，只有5度左右，尽管已经把带来的最厚衣服都穿上了可还是抵不住这山间逼人的寒气，便早早回房间了。

装饰农场的小车

早晨的气温依旧很低，据本地游客说再往上走一段到了合欢山就可以看到飘雪花了。原来台湾在冬天是可以看见下雪的！他们还兴奋地告诉我一会儿去完农场就到合欢山赏雪去，并强烈推荐我也去。可能在台湾能见到下雪实属不易吧！他们会把下雪天当作一场美景盛宴去欣赏，可在我的家乡每年都能见到皑皑白雪，早

第四章 台湾

我在清境农场与小羊互动

已不是什么新鲜事了。

享受着清晨沁人心脾的山间空气,来到了青青草原的大门口。大门是雅白色的欧式建筑,这里也是整个清境农场最主要的景点。1965年,蒋经国先生来到此处留下"清新空气任君取,境地优雅是仙居"的感叹,将农场改为现名。

在内地见过了内蒙古大草原,再看这里感觉它太小了,一眼就看到了对面的山。小绵羊们稀稀拉拉分散在这草坪上,它们很聪明且都不怕人,只要你手中有它们爱吃的饲料零食,必定会围上一群缠着你不放。好多小朋友在一旁兴奋地喊着:"羊咩咩!羊咩咩!"

下午两点的绵羊秀是重头戏,分为"奔羊秀"与"绵羊脱衣秀",但整体的观赏性我认为一般。主持人与一名为绵羊"脱衣"的外国剪毛师倒挺诙谐幽默,能够带动起全场的气氛。不要小看这场表演,可不是每天都有的,只有在每周日才会有一场。整个清境农场只有绵羊400多只,每天剪几只的话用不了几个月便会全体"脱光",没得演了。庆幸自己来对了时间,更佩服这里通过区区不到500只的绵羊竟宣传出如此之广的旅游效应。包括从外地进口来的绵羊油、羊奶片等也都在这里销售火热。

临走时我想,这个景区如果是建在大陆未必会有这么热烈的效应,吸引那么多人来游玩,或许正是因为这里没有真正的草原,才会勾起台湾人民对它的向往。希望有朝一日那些攥着羊咩咩叫的小朋友能够到祖国的那一边看一看真正的草原是怎样一种自然壮丽,一望无际。

三

结束了清境之行便又进入到了赶路的环节,到台中的路程不算远,但在这中央山脉上,一路下山却绕得头蒙蒙的,还好中途路过雾社可以休息一下。雾社这个原本名不见经传的小地方却因 1930 年的那次起义日军暴政的雾社事件掀起了一段可歌可泣的大历史。后来这场台湾原住民起义抗暴事件还被拍成了一部台湾影史上最有名气的电影——《赛德克·巴莱》,而我也是通过这部电影才知道了雾社这个地方。电影分为《太阳旗》与《彩虹桥》,虽然在大陆上映时由于片长的原因被压缩成了一部,可看完后仍很震撼。当时还专门又查找了许多关于雾社事件的历史资料去了解,对起义领袖主人公莫那鲁道的勇敢由衷敬佩。司机师傅了解到我对这段历史的兴趣,专程将车开到了莫那鲁道纪念园。白色

纪念园内的铜像

20 岁的旅行手记
下一站，会是哪里

抗日英雄——莫那鲁道像

的大门正反两面分别标注着"碧血英风"与"义胆忠肝"八个大字,旁边的石柱子上刻着歌颂这位英雄的挽联,黑白相间,肃穆又悲壮。莫那鲁道的铜像立在公园正中间,高大魁梧,左边带着一把佩刀,双手交叉在胸前,后面就是他的墓穴。1930年起义失败后,他在山洞里将两名孙子枪杀,连其妻子的尸体一并焚毁,最后自己又以三八式步枪饮弹自尽。因为他知道,此次起义誓与日军背水一战,现大势已去,不论自己或是家人如若不幸落入日军手中将会受到非人的待遇,不如有尊严地死去。他的尸体直到三年后才被寻获,于1973年安葬于此。随着起义失败,全部家人最后仅存活下来了一名女儿。

  旁边的纪念碑上也清楚刻着这次事件的始末。从当时的大环境下看,整个起义从一开始就是以卵击石,注定会失败,可这也恰恰反映了赛德克人的勇敢与追求自由的决心。在双方实力悬殊的情况下,拼尽全族之力竟坚持了一个多月。最后活下来的族人是老弱病残,妇女儿童。他们受到了日军更严密的监视,并被赶出了故土,再也没能回去。飞蛾扑火,却在最后一刻感受到了光和热。我们无法完整地揣测出他们的种族信仰,但那段历史,却永远在这幽幽山谷间回响……

四

  来到台中时天色已晚,台中是台湾第三大城市。住在逢甲夜市旁的酒店,第一次感到台湾的人潮涌动。逢甲夜市是台湾许多创意

20 岁的旅行手记
下一站，会是哪里

台中·逢甲夜市

小吃的发源地，最著名的"大肠包小肠"就在这里诞生。奔波了一天，看到这各种美食便一头扎了进去，在台湾逛夜市根本不用找一家饭店坐下，走两步就能碰到一个想吃的小吃。一圈走下来自然就饱了。这里有种像香港旺角的感觉。值得逛的小店特别多，又有各大潮流品牌的专营店。是我到过台湾夜市"南六合、中逢甲、北士林"中最名副其实的一个。

在台中临行临别的一晚，唯一留下深刻印象的便是它的逢甲夜市，到了凌晨仍是人来人往。回到酒店准备入睡时，还能听到楼下摩托车飞驰而过的油门声。伴随着喧闹，结束了在台湾中部的所有行程，明天终于要向台北迈进了。

台北映像

一

台湾虽然不大，但高铁在大城市间却四通八达，一个小时就能从台中到达台北。初到台北终于也感到了台湾大城市的气息，车水马龙的道路和纵横交错的捷运线。台北作为台湾省会，此次台湾之旅我留出了一半时间在这里。在之前所看的旅行攻略里，最感兴趣的地方便是潮流圣地西门町，所以当天下午就来到了这里，果然没令人失望，真的是年轻人的天堂啊。

西门区域一直以来都是台北主要的休闲娱乐场所。1896年就有了第一家戏院，电影院也是西门町早期主要的商业。1949年以后，随着大量的投资涌入，一家家百货商场崛地而起，迅速地成为台湾最大的商业中心。新一代的流行文化与老一代的饮茶听戏在此交融，在潮流中乘坐时光机看到它的历史痕迹。西门町所含区域很大，是在大陆完全没有接触过的一种商业圈，似乎每条街道都暗藏宝藏一般吸引你去寻找它的玄机。有得吃有得玩的西门町，即使逛上一天也不会觉得烦闷。这里汇聚了各个地方的菜式，并且每家店的装修

台北·西门町　　　　　　　　　　　西门町广场

风格也不相同，仅是环境也能给人一种享受了。潮流服饰在这里琳琅满目，如果是在台北长居，那购物的首选之地必然也会是这里。其实每个大城市都会有属于年轻人的商业圈，但西门町会让我觉得更接地气儿，也有着更多的趣味性。西门町是台北我唯一一个来过两次的地方，每一次都想多停留片刻。

当天的晚餐是来到台北的第一顿正餐，之前在一个综艺节目上

20 岁的旅行手记
下一站，会是哪里

DejaVu 互动式音乐魔术餐厅　　　　　　我与餐厅内的蝙蝠车

看过有关周杰伦的魔术餐厅，晚上就迫不及待地前往了。餐厅在中正区的一个公园内，晚上的公园在夜色里显得格外安静，往深处走才会发现一家家餐厅与小酒馆。周杰伦的餐厅在单独一条街道上，门牌不是很大，里面却别有洞天。进门后，先是被眼前的重型哈雷机车所酷炫到了，相信每个刚进门的顾客都会对着它拍照。往里走欧式的古堡建筑风格便会显露出来，高高的房顶上挂着老式的吊灯，照出的幽暗灯光烘托出整个餐厅的氛围。四面的墙壁也营造出了古老的年代感，挂着一幅幅精美的油画。正前方是一个年代久远的音乐播放器，第一次见到这样的音乐机觉得很神奇，同时也对它精细的构造感到震撼。

整个餐厅最亮眼的当属那台超大的蝙蝠车了，简直和电影《蝙蝠侠》里的一模一样。可惜这辆价值6500万台币的豪车排量超过6300cc，想停车也得需要正常的三个车位，所以只能远观而不能亵玩了。不过周董把它停在自己的餐厅作为镇馆之宝，让来客与车合张影也是值得的。昨天才看到周杰伦在欧洲城堡结婚的消息，今天又见识了他的古堡餐厅，看来他是对这种建筑情有独钟。或许这就是他儿时的"王子梦"吧！现如今一切都实现了。每个人小时候都有过千奇百怪的梦想，随着时间的推移很多都已经淡忘，最终也无法实现。正因如此，周杰伦的不忘初心才尤为珍贵，让人既欣赏又羡慕。

二

在台北剩下的几天里还领略了它除了潮流与新颖之外的自然风光与历史文物，这篇写到有关台北的映像，就一鼓作气总结出我眼中的台北吧。

野柳地质公园是台湾必到的一个海岸，但当我真正来到后却对

20 岁的旅行手记
下一站，会是哪里

这里少许失望。由于当天天气很阴沉，再加上来这里的旅行团实在太多，每块石头旁都聚满了拍照的游客，可能原本要在安静中才能感到美感的独特海岸早已被这人声鼎沸所淹没了。

"女王头"是野柳的标志，在整个海岸的中心位置，看到一条等候拍照的长队前面便是它的所在了。走近看去它的造型确实与英国伊丽莎白女王的头像甚是相似，难怪如此受到欢迎呢。它已经将近 4000 岁了，因受到海水的侵蚀、风化，在 20 世纪 60 年代形成现在的样子。现如今，它那支撑"头部"的"脖颈"已经特别细，好像只要稍微被什么撞击一下就会倒塌一般。听这里的工作人员说，虽然很早就禁止游客靠近、触摸女王头，也对它采取了一系列的保

野柳地质公园

野柳公园的标志"女王头"

护措施，可受气候和海上风浪的影响，女王头迟早会有倒下的一天。听到这里有些伤感，不过世间万物皆是有生有灭，大自然利用鬼斧神工所造出的奇特，最后也被它亲手毁灭。

三

在台北去感悟历史也是必不可少的一件事，其实不能算是台北当地的历史，而是故宫博物院里浩瀚的中华文明，和曾经国民党与中华民国的渊源。

提起故宫，大部分人首先想到的是北京的紫禁城，殊不知台北也在1965年落成了一座国立故宫博物院。标准的中国宫殿式建筑，白色的墙壁上搭着绿色的瓦片，虽然规模是与庞大的紫禁城没法比了，但同样不失庄重，气势宏伟。与北京故宫的游览方式不一样，这里没有那么多值得观赏的建筑，进去后就是一个室内的博物馆，可人流量并不亚于北京故宫。因为这里有当年国民党退居台湾时所带走的3000多箱精贵国宝，据说如果每三个月更换一次展品，也要30年才看得完。

其中所藏的商周青铜器——毛公鼎；浑然天成的"东坡肉"；与闻名中外的翡翠白菜更是稀世之珍。这些国宝从抗日战争爆发时就已经封箱，一直过了30年才重见天日。在那个战乱年代，损毁了多少中国的文物，又有多少流失海外，现在看到眼前这些几经辗

20 岁的旅行手记
下一站，会是哪里

转才得以保存下来的中华文明实属不易。台北故宫博物院老院长秦孝仪曾经说过"中国之美，美在文化艺术，文化艺术之美，尽在故宫"。我想这个故宫必须是北京故宫和台北故宫合在一起，才是一个完整的中华文明。

故宫博物院背后就是著名的阳明山，由于是冬季，我没有上去。但听说这里犹如一座世外桃源，在春天百花齐放，百鸟争鸣，夏季还能够避暑，另外还有温泉，等等，怪不得国民党的元老们最后都住进了这里并获得了长寿呢。

晚上前往士林夜市的路上，路过原先蒋介石的私人行宫——士林官邸。司机师傅是个老的本省人，他专门介绍说这里原来别说是要进去，就连路过也是不可能的。周围道路都要封闭给"总统"让道。他还有意思地说宋美龄喜欢花，老蒋就特地找人从国外引进了各种鲜花种在府邸，并有趣地感叹："老大的女人嘛，要什么当然都会有啦！"

过了士林官邸不远，晚上台北最繁华的士林夜市已紧锣密鼓的开张了。士林夜市也是我在台湾夜市之行的最后一站了，这里可以说是把台湾南北小吃都汇在了一起，而且不光小吃多，好玩的娱乐项目也会留人驻足。纸网捞鱼和可以一边钓一边烤着吃的钓大虾，都是令许多成年人也忍不住蹲下玩的游戏。士林香肠、豪大大鸡排、青蛙下蛋、猪血糕……都是这里的特色。至于这些只听名字就特别有趣的玩意儿，还是给人留些幻想自己到士林夜市摸索吧！

第四章 台湾

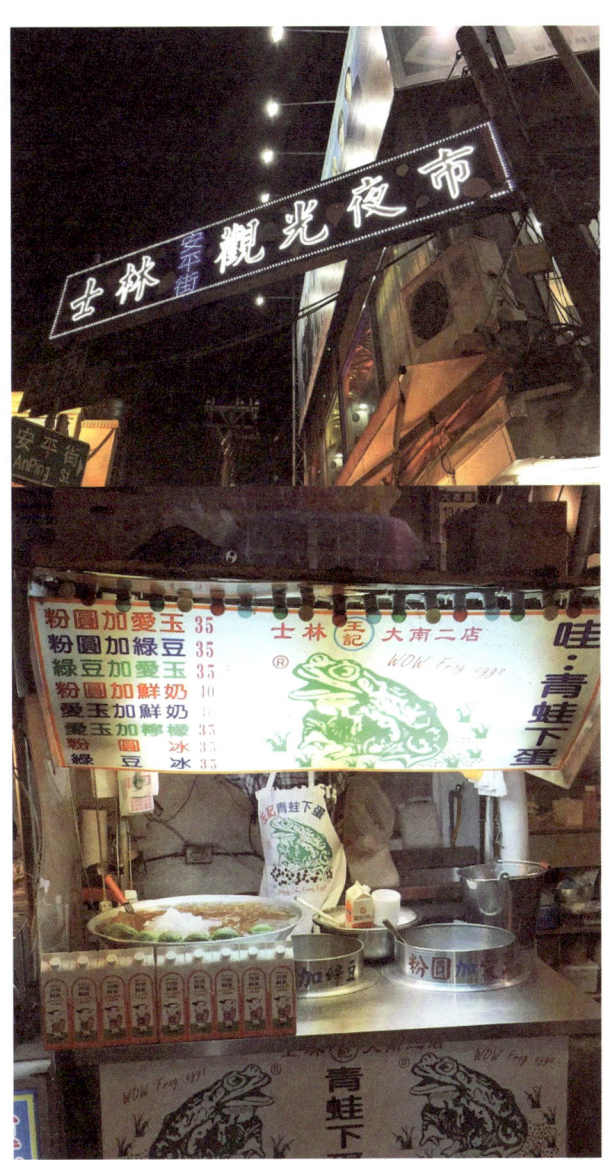

台北・士林夜市

153

台北·自由广场

离别 1949

前些日子看了一部电影《太平轮》,而后觉得在台湾这一章节中,如果不写写1949这一年历史的转折点定会少了点儿内容。台湾,也正是在这一年彻底改变了之后的命运。

1949年解放战争已到了后期,中国人民解放军先后在辽沈、淮海、平津三大战役中取得了胜利,解放了东北、华北大片土地。国民党败退后继续南迁,并最终无奈决定将台湾作为"不能再退的后方"。一时间消息传出,上海码头、广州码头,每个码头顿时人山人海,在那个时候什么都比不过一张船票值钱,并且每艘船都超载的一塌糊涂。这些准备搭船逃往台湾的人群中,有军政官员、商界大佬以及社会的名流,甚至一些有着自身特殊理由的普通百姓。《太平轮》所讲的故事,便是发生在这个时候。

现台湾主持人蔡康永有一片名为《我家的铁达尼号》的文章深刻地描述了这个事件。他的父亲蔡天铎正是这家轮船公司的股东之一,也随着这一"太平轮事件"而宣告破产。太平洋船务公司当时几条最大的船往返于台湾、上海。1949年1月27日,已临近春节,太平轮便是这春节前开往台湾基隆港的最后一班船。面对眼下的逃难潮，太平轮终于不堪重负，在航行至舟山群岛海域时与载货的建元轮相撞沉没，超过 1000 人遇难。

在这样大离别的环境下，每个人都在看各自的造化。有的人选择了离开却遭遇了海难一死了之，有的人成功到达了海对岸或逃往异地他乡从头开始，也有的人选择了留下来去赌今后的命运。但有一个人不得不提，他便是原中华民国元首——蒋介石。在这千千万万颠沛流离的人中，他定是心情最复杂、最沉痛的那一个。

1949 年 10 月 1 日中华人民共和国中央人民政府在北京成立。随即国军失守广州，"国民政府"再迁四川，蒋介石在重庆渡过了他在大陆最后的 63 岁生日。

新中国的发展正在如火如荼地进行。历史自古的变迁都是新人笑旧人哭。11 月 30 日重庆失守，蒋介石犹存最后一丝在大陆的希望来到成都。可大势已去，短短几天内，随着云南省、西康省先后起义，此时的成都已成为被解放军包围之中的一座孤城。

"最是仓皇辞庙日，教坊犹奏离别歌，垂泪对宫娥"。一夜，收到川军要来突袭的情报，正在睡梦中的蒋氏父子被匆忙叫醒，顶着月黑风高从成都飞往台湾，至此永远地离开了大陆。同时也标志着国民党结束了在大陆的一切政权。

回顾 1949 这篇史诗，有悲有喜，有苦有乐，有哭自然也会有笑，有太多的故事值得回味。

中正纪念堂
——青山依旧在，几度夕阳红

比起台湾早些年建成的国父纪念馆，20世纪80年代才落成的中正纪念堂更富丽堂皇，但发现来这里的国内游客并不是很多，"独夫民贼"蒋介石的号语还影响着一代人对历史的看法。倒是许多可以置身中国历史之外的外国游客比较多见。

台北·中正纪念堂

这座纪念堂远看上去像是北京的天坛，高耸庄重。所在的自由广场两侧是国家大剧院，也是典型的中式结构。广场很大，中间竖着代表中华民国的青天白日旗。一路顺着台阶向上走，最高点便是蒋介石铜像所在的位置，这里可以俯视整个广场的风景。下面是介绍蒋的展览厅，迎面挂着一巨幅蒋介石年轻时与孙中山在广东时期的油画，展品区的两辆卡迪拉克轿车很显眼,是蒋生前的座驾,后期维护做得很好,现在看上去仍像新的一般。周围摆放着他穿过的军装以及结婚的西服等。屏幕里不断在放映着他这一生的纪录片和与宋美龄最后一起在台湾风雨相随的片子。

整个中正纪念堂最值得观看的是每到整点在蒋介石铜像前的换岗交接仪式。负责守卫的士兵们在去换岗的路上都会一个正步一个正步走地整齐。他们手持中正式步枪,这种步枪在抗日战争时期发挥过重要作用。即使现在在换岗交接的仪式中随着一次次枪柄砸落地面所震出的回响,仍可以听到当年的威严。

纪念堂内正在进行仪式交接的士兵

交接仪式特别安静,只能听到踢正步声和嘹亮的口令。军礼的动作虽复杂多样却做到了整齐划一。蒋介石用尽一生都想证明的自己,而如今只能通过每次的交接仪式来检阅他的士兵了。

走出纪念堂已到了黄昏时分,从自由广场的出口望去。蒋介石的铜像伫立在那里,看着他当初手中最后这片土地和远方再也没能

第四章 台湾

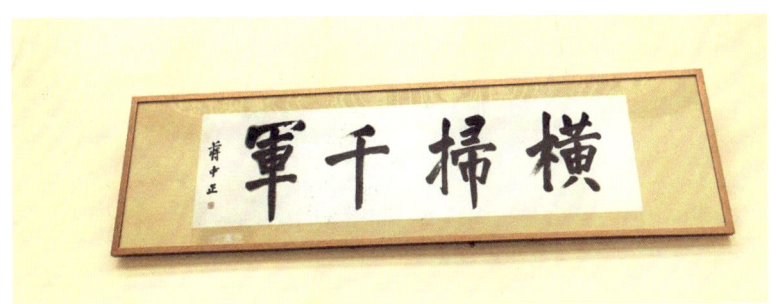

　　蒋介石书法。蒋介石，名中正，字介石，是一位对中国近代史进程产生过极重要影响的一个人。后世对他评价褒贬不一，但却是他在整个民国势力涣散的情况下，在广州接过了孙中山的衣钵，通过北伐战争统一了国家。又在二战时期作为中国战区的最高统帅击败日本法西斯取得抗战胜利。但他随即在之后的解放战中节节失利，直到 1949 年败退台湾。他同时也是一位极具故事色彩的人物，年轻时在北伐战争中横扫千军一呼百应，中年时又遇到了八年抗战和四年的解放战争，晚年独裁统治台湾。从一个手中有 1000 多万平方公里土地的国家元首沦落到一个 3 万多平方公里的小岛上，一生的跌宕起伏我想是很多人所不能承受与理解的

20 岁的旅行手记
下一站，会是哪里

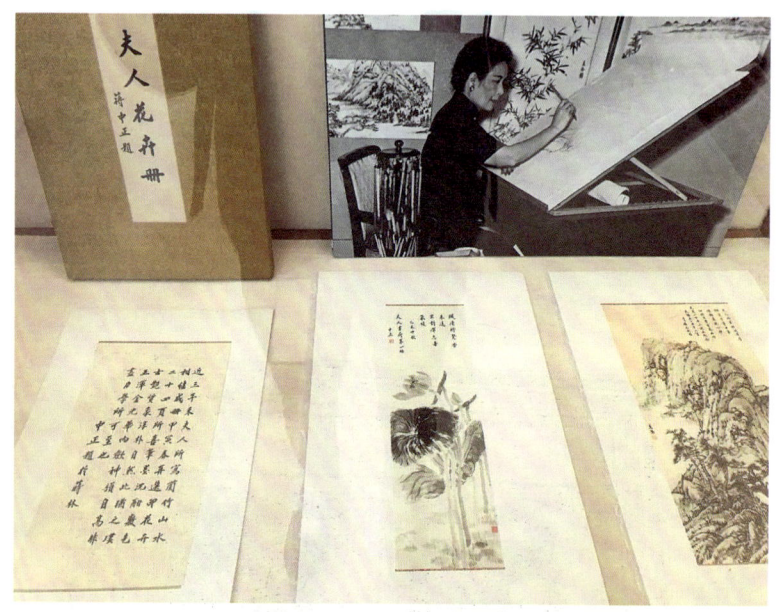

宋美龄——蒋介石第四任妻子，中华民国前第一夫人。善于外交，活跃于政治领域，同时有着熟练的英语水平，曾于 1943 年在美国国会发表演说，呼吁美国援助中国抗战。解放战争失利后，与先生蒋介石一起在台湾风雨同路。并始终反对"两个中国"和"一中一台"。1975 年蒋介石逝世后，逐渐退出政治舞台，远赴美国隐居。1986 年以参加蒋介石百年诞辰的名义返回台湾入住士林官邸，一住就是五年。而后又在 1994 年最后一次返回台湾探亲。1995 年以庆祝二战胜利 50 周年的美国国会之邀前往华盛顿参加酒会。2003 年去世，享年 106 岁，一个横跨三个世纪的传奇女性。她与她的两位姐姐：宋霭龄、宋庆龄并称为宋氏三姐妹，这三位对近代中国曾产生了深远影响。图为中正纪念堂一楼展览馆中陈列的蒋夫人字画，她同时也是一位琴、棋、书、画样样精通的中国传统型才女

回去的故乡。直到现在蒋氏父子的遗体还停留在台湾慈湖没有下葬，一代枭雄昔日在中华大地叱咤风云。或许最后只是希望有朝一日能够入故土为安吧！

当每日夕阳最后一道光照过这里,曾经的一切都已留给了历史。后人可以拿来品味往日种种,当年的主人公已是非成败转头空,青山依旧在,几度夕阳红。

台北·自由广场

徘徊在淡水

淡水,如果不曾到过这里,只听名字很难猜到这是一个怎样的地方。之前看过一档在淡水拍摄的综艺节目,觉得这里很有趣,到了台北一定要去淡水。其实准确来说这里应该算是新北市,距离台北市区15公里,只需要半个小时捷运即可到达,因此不必把城市界线分得那么清楚,许多台北市民的工作、学习也都在新北市。

1858年淡水开港通商,绝对算得上是全台湾最古老的乡镇和港口。由于有淡水河流过,在很早就有大陆沿海渔民来台湾海峡捕鱼,把这一带当作一个中转站去修船补网,补充淡水,因而得名。随着第二次鸦片战争清廷的战败,被迫签订《天津条约》,使得这里开始通商,但也随之发展成为当时台湾北部最繁华的港口。再后来基隆港崛起,使得这里逐渐失去了主力位置,又恢复了原本的安宁。

由于历经了悠久的历史,现在的淡水保留了中国闽式和欧式、日式的旧建筑。相伴着淡水河畔优美的风光,有着"东方威尼斯"的美誉。同时淡水也是我觉得全台北最能够放松心智的一处地方了,漫步在淡水老街,品尝着各式老字号的美食,生活也会慢下来。

"铁蛋"与"阿给"是淡水的特色,所谓铁蛋是把鸡蛋、鹌鹑蛋卤很久很久，吃到嘴里时蛋黄酥脆，外皮又很有嚼劲，回味悠长。阿给则是遗传了日本"阿不拉给"油豆腐的做法。将油豆腐中间挖空填满肉臊粉丝，再以鱼浆封口。蒸熟后淋上甜辣酱汁，美味可口。在淡水如果没有吃阿给就像没有来过一样，因此在码头旁的阿给老店内，无论白天晚上都挤满了人。除此之外，还有喝起来味道大有不同的阿妈家酸梅汤、炸虾卷、周杰伦套餐（周杰伦小时候住在淡水，常喜欢吃一家温州老店的馄饨汤加鸡腿套餐，现在这个组合被起名为周杰伦套餐，该店的荔枝冰也非常爽口，若是到了淡水一定要找到这家店品尝）都代表了这里的特色。

　　不知不觉一上午的时间就在淡水老街的闲逛中度过了，为了看有名的淡水夕照，便乘着小游艇前往观日落的最佳地点——渔人码头。航行中就望到了码头的大桥，这里相比淡水老街一切都是现代化的。咖啡厅和酒吧都设有露天座位，为的就是可以享受清凉的海风与蓝天白云。走上码头的情人桥，抬头望去，云彩是一片一片的，像是一片片鱼鳞，每片"鱼鳞"间的空隙处射出一缕阳光洒下海面，连太阳也被围了起来，若隐若现。海风吹得有些急促，可也丝毫没有影响此刻午后的惬意。

　　午后的时光在渔人码头变得悠闲缓慢，即使落日的景色也涵盖不了这里全部的意境。再乘船回到淡水夜幕已经降临。一个个夜市摊位填在了老街的街道上。不算明亮的路灯映照着整片老街的夜晚。往来的行人也只是为它增添了热闹而没有带来喧闹。不知为何，我

20 岁的旅行手记
下一站，会是哪里

特别喜欢这一刻，如果时间能停下来该多好，脑子里什么都不去想，只剩下当前去享受淡水的祥和安宁。我想正是因为这里有着一份大城市所失去了的生活，才令人那么想静静地多待一刻，再呆一刻……

台北·淡水

台湾，一个想留下的地方

每一个故事都有结尾，每一段旅途都有终点。再后来又变作了人生旅途的一段故事，这趟台湾之行注定会成为我旅行中感情难忘的一个章节。

一个36000平方公里的小岛蕴含了河流高山，断崖海滩，现代化的大城市，以及安分守己士农工商的城村小镇，还有那些别具风情的民族部落。若是看惯了自然风光，台湾人民的温良、恭敬、谦让都是风景之外更美的一面。这里把我们所失去的中华文化，华夏文明都保留了下来，当在书店看到那些印着繁体字从右往左竖着排列的图书时，特别惊叹与感动，原来这个世界上还有一块土地延续了我们这个老国家的传统。

一路从垦丁到台北，经过了不同的风景，或许这些风景不及从前见过的多样、壮美，但却能带给我一份投入观景的心情，只要有了这个，那便是最美的。

十天时间很快就过去了，日后我一定会再去登上这片小岛，把这年到过的地方再逛一逛，看看是不是依旧如初。还要再继续此次没能完成的旅程，不知能否会有新的发现，把这次的缺憾补圆满。

第四章　台湾

台湾，一个想留下的地方。那一年，第一次登上台湾岛……

淡水·渔人码头

第五章

西藏

拉萨·布达拉宫

西藏遗梦

西藏——雪域圣界,世界的屋脊。旅行从一开始就计划要去的地方,终于,走着走着,来到了拉萨,回到了布达拉。

人一辈子总要去一趟西藏才算完整,不是因为它有多美多艳多繁华,而是这片土地是与天最接近的地方,从迈上它的那一刻起,仿佛身体与心灵都递进到了一个新的高度。登高望远,透过稀薄的空气俯览祖国大地,站在制高点遥望故乡山川。天空空灵高远;土地空旷寂寥;雪山高峻肃穆;湖泊幽深浩瀚。虔诚的信仰点缀在这一切构成的雪域高原之上,形成了天人合一的净土。

我想很多人心中都有一个西藏梦,但可能是它太遥远,或是惧怕突如其来的高原反应而望而却步。但其实只要克服了自己心里那层障碍,来到西藏,会发现即使遥远也是值得的,因为它展现的风景人文会和之前见到过的不一样。

小城西宁

西宁是青藏线的起点,也是大部分人进藏的第一站,既然是个驿站何以令人在此停留数日?别忘了,它是青海的省会,而青海这个地名就得名于我国最著名的湖泊——青海湖。如果到了青海不去一睹青海湖的风采就等于白来,我也是为了这个理由在西宁小住两日。

从西安出发到达西宁只需要一个多小时的飞行,来到这里算是真正到了祖国辽阔的西部。大家都知道我国地势西高东低,东部沿海,西部深居内陆,从而造成了人口分布、经济文化上的差异。这里虽比不上东南沿海的繁华,却可以避开人群,好好感受那份空旷下的白云蓝天。

到达西宁市区正值中午,阳光直射,就连空气也被烤得干干的,像是第一次去敦煌的感觉,干燥的令人不适应。如此炽烈的阳光与干燥的气候,难怪长期生活在这里的人们都长着标志性的红脸蛋儿呢。所以走在大街上也根本分不出哪些是汉族人哪些是少数民族,即使看出了对方是少数民族,也不敢妄加猜测,这里会聚了56个民族中的35个,真可谓是多民族的聚集地。当然这种状况的形成也与西宁漫长多变的历史有关。西宁地处青海省东部,湟水中游的河谷盆地,位于青藏高原河湟谷地南北两山之间,自古就是丝绸之路上的一个重镇,也是唐代以来中原内地去往西藏乃至印度、尼泊尔等地的唐蕃古道必经之路。新中国成立后的西部大开发,又使全国各地的人来到这里建设西部,岁月流逝,渐渐形成了今天的局面。

青海省的面积在全国排第四位,西宁市面积当然也不算小,但却给人一种小小的感觉。它的城区其实就只有市中心大什字商圈这一块地方。商场、酒店、夜市也都集中于此,就好像大城市的某一个商业区一样,出了这个商区走不了几公里远,景象就大不同了,感觉一下子从城市来到了乡村,周围全是平房、耕地和陈旧的工厂。由于缺少了树木与高楼,大风混着黄土吹得人很不舒服。

当天下午计划去西宁除了青海湖以外最著名的一个景点——塔尔寺,藏传佛教格鲁派的六大寺院之一。以其壁画、立体堆绣、酥油花这三绝艺术闻名于世。凡是来到西宁者,无论是朝圣还是游玩都会慕名去参观,而我便是作为一名不信教的人到此走马观花了一把。

从西宁市区到塔尔寺很近,由于不是假期,所以游客并不多,沿途很多卖饰品特产的小店铺均闭门休息,一条慢上坡的小路走到尽头就看到了塔尔寺,广场上的八宝如意塔格外醒目,也是到此游客必会合影的一处建筑,事实上整个塔尔寺也只有此处适合拍照了。这八座宝塔是为了赞颂佛祖释迦牟尼一生的八大功德而建。塔身灰白色,底座由青砖砌成,中间部分装饰经文。若是对藏传佛教不太

第五章 西藏

塔尔寺门前的八宝如意塔

了解，又对宗教建筑这方面没有兴趣，那就大可不必进寺。通过游览完整座寺庙，会发现最精华的建筑还是广场上这八座宝塔。但对于生长在藏地的人来说，这里是黄教创始人宗喀巴大师的诞生地，塔尔寺和拉萨的布达拉宫、大昭寺一样，是一生必去的圣地。

走进塔尔寺会发现它的面积要比内地的寺庙大很多。殿宇高低

20 岁的旅行手记
下一站，会是哪里

塔尔寺内

错落有致，大小殿堂众多，以寺中心的大金瓦殿最为大气。殿宇是三层重檐歇山顶式金顶建筑，檐口上下都有精美的装饰。殿内主供莲聚塔，此塔乃塔尔寺圣物，是信众归敬精神所依之处，后经多次修缮改建为 860 千克黄金包裹的神变塔，塔内供奉的宗喀巴大师塑像是镇寺之宝。

大金瓦殿前是塔尔寺面积最大的大经堂，僧人们在此聚会诵经。走进殿内是不能走回头路的，一定要顺时针转上一周。大殿中央是一群正在打坐诵经的僧人，他们语速很快，加上昏暗的灯光，令人感到十分压抑，没顾得上去看四周围的壁画就匆忙转了出来。此时已准备往回返，路过后山时看到一栋依山而建的殿堂，想必是塔尔寺最高的建筑了，沿一层层台阶爬了好大一会儿才上去。原来这里是历代达赖与班禅在塔尔寺的行宫，并没有对外开放，带着少许失望，俯览了一下整个塔尔寺建筑群便又折回了。

  这里太阳落山很晚，傍晚时分依旧像是下午，可不管太阳有没有要落山的意思，走了这么大一圈的我肚子早已耐不住饥饿了。来到一座城市旅游，一定要品尝一下当地的特色，西宁的小吃还算出名，记得有句话叫"小吃是西宁的精神"。听司机介绍说莫家街挺不错，便没顾上回酒店就直接来到了这里。这是西宁最古老的一条街道，在今天已成为了一个青海美食的集中区，酿皮、青海酸奶、羊肉串应有尽有，还有一些如"炮仗""狗浇尿"这些不曾听过的食物。这里是回族人的天堂，到处悬挂着清真的标语和满大街带着小白帽的回族小伙，以及裹着黑头巾的妇女。在内地已经很少有回族平时这样穿着打扮了，这里不光延续了传统的回族服饰，更把回族特色美食也保留了下来。但我却对这类食物吃不消，比如青海酸奶就酸的有点儿让人迷糊，必须加很多白糖才能遮住它的酸味，现在当地人也对它做了一些改良，会在上面加上火龙果、草莓等变成水果酸奶。一个个白色蓝边的小碗被一小方块玻璃盖上如同蒸蛋一般。主食"炮仗"是一种小拇指般粗的面条，而最特别的"狗浇尿"

20岁的旅行手记
下一站，会是哪里

西宁·莫家街

其实是一款上面洒上黄油的饼子,由于浇在上面的油形状不规则,如同狗撒上去的尿一般,所以渐渐被称之为狗浇尿了。

在莫家街填饱肚子后,天色也已经黑了。结束了在西宁短暂又忙碌的行程,总结下来不管是刚刚在莫家街的小吃还是下午的塔尔寺,都不能给我留下一个深刻的印象。游客来到西宁一定是为了进藏而停留的,若是专程到此,恐怕是要失望而归了。

沧海的遗珠

有人说青海湖是高原上的一滴眼泪，可我更认为它是曾经沧海的一颗遗珠。因为它本就是海，后来经过地壳运动，青藏高原的隆起，使原本的大海压缩成了一片咸水湖，这就是青海湖，被称为我国的西海。四周被高山环绕，小心地保护着它，不让受到一丝污染。

多数人会选择在七、八月份来此，那时油菜花开得大片，一年一度的环湖自行车赛也是在那时举行，所以当看到别人在青海湖拍的照片时，后面总会有一大片油菜花映衬着。可现在才五月，草原还没有绿，油菜也没有开花，但却是鸟岛观鸟的好季节，此次青海湖之行便直奔迷人的鸟岛而去。从西宁到青海湖需要150公里路程，若再前往鸟岛，路程便又增加一倍。藏族人流行"马年转山、羊年转湖"之说，这次前往鸟岛刚好也算是在车里转湖了！

一大早，就开始向着鸟岛出发了，沿途先到了坐落在湟源县的日月山。传说这座山本叫赤岭，后来文成公主经这里赴吐蕃和亲时在此登峰远望，不禁思乡，帝后赏赐的日月宝镜坠地一分为二，一半变成金月，另一半变成了银月，公主便毅然继续向西走去，流下的眼泪则化作了倒淌河，后人为纪念文成公主将此山改名为日月山。

这里也是进藏公路的必经之地。山口海拔 3600 米，位于两个山头的日亭、月亭是游客习惯拍照的地点，但由于风太大就没有爬上去。在这个草原门户，西海屏风处稍作停留后又继续出发了。

汽车在大约又行驶了一个钟头后，终于透过窗子看到了青海湖的真容，它果然像大海般一望无际。沿湖一直前行，已到了饭点，湖边的小饭馆确实别指望能做出什么美味佳肴，但有一种属于青海湖的特色不得不提，它就是"裸鲤"，俗称湟鱼，是广阔的青海湖中唯一生存的鱼类。前面提到过这里原本是一片汪洋大海，后经地壳运动被挤压成了高原咸水湖，而就是在这次的地质变化中，原先的海洋生物全部变作了化石，唯独这种没有鳞片的湟鱼生存了下来。但由于青海湖地处海拔 3000 多米的高原上，水温低，食物资源匮乏，故此鱼生长特别缓慢，十年才能长到 500 克。它同时也是鸟岛栖息着的鸟类的重要食物来源，曾经因为过度捕捞和湖周边生态环境的恶化而一度锐减，不过经过了几十年的科学保护，目前已恢复了良好状态，来此游客也可以适当点上一条尝尝鲜了。

品尝完鲜美的裸鲤，又再次朝着目的地出发，顺便欣赏沿途湖光和一路上虔诚转湖的人们。来到鸟岛已是下午时分，这个景区目前被开发的很规范，一路上都有电瓶车把游客拉到每个景点。第一站是蛋岛，顾名思义因遍地鸟蛋而得名。不过现在的蛋岛已不准游客上岛去参观，而是修了一个狭长的隧道，走到头有几面玻璃，透过这些窗子去观看岛上的风景。虽然这样很不舒服，可却有效避免

第五章　西藏

鸟岛景区的大门

了游客对岛上可能造成的生态破坏，不然多年以后大概就只见一片光秃秃的小岛了。

鸬鹚岛虽不用隔窗观景，却也是离得好远。先是需要爬到一处小山坡上，山顶有一观景台，四面都被铁栏围了起来，一块半圆形白色巨石上卧着一群密密麻麻的小黑点，仔细看这就是

鸬鹚岛风光

181

鸬鹚。若是听不到它们那叽叽喳喳的叫声,还真分辨不出是一群鸟在石头上。我在我爸十多年前在这里拍的照片中看到,那时鸬鹚岛离观赏的距离还很近,好像一伸手就可以摸到它们。这些年为了保护这块鸟岛的标志,只能一步步缩短游客与它们的距离了,我们其实不用为此而感到遗憾或不平衡,保持一份对大自然生命的爱心与尊重让鸟儿可以一直在此欢叫又有何不可呢。

从岛上下来到了湖岸,终于离青海湖这么近了,与之前见到过的很多湖不同,青海湖呈现出的是一种清寒孤傲的美,蓝色的湖水层次分明,正如人们形容得那样清澈,是高原上晶莹闪烁的眼睛。站在湖边,面对它那份沉稳、澄澈,不由自主展开双臂,心静如湖。

在鸟岛还必须要做的事就是与它们互动,可以买些饼干捏碎抛向空中,聪明的鸟儿会围着你盘旋在半空要吃的,倘若准头好一点,便能直接将食物扔进它们嘴里。喂鸟时最好选在湖边进行,这样没被接住的食物可以掉在湖面上引来更多的鸟抢着吃,等到聚集的特别多时,再将一把饼干撒向空中,它们会一起腾空捕食,便有了百鸟齐飞的壮观了。

亲近了鸟儿,拥抱过了青海湖,要到了离开的时刻。由于明天还要赶进藏的火车,就没有在此多做停留。再望一眼青海湖吧,把这一刻海天一色,百鸟齐飞刻画在心里。返程的路途是漫长的,一路上又看了好多有关青海湖的资料,亲眼所见后再去了解会明白的更深刻。这片中国最大湖泊其实每年都在缩小,这是谁都无法阻止

第五章 西藏

我在青海湖岸边

20 岁的旅行手记
下一站，会是哪里

的自然现象。好在它贵为圣湖，没有被一丝污染，从古至今都保持着那份纯洁，在壮美的青藏山水间，又增添了一道秀美。

湖边喂食

沿着天路进藏

当年一条"巨龙"穿越唐古拉山,来到圣城拉萨,拉近了世人与离天空最近高原的距离。一首《天路》唱到了千万藏族同胞的心坎。青藏铁路——一段旅程、一个奇迹。

西宁到拉萨的火车全程 1950 公里,历经 22 个小时,是世界上最长的高原铁路,一路上经青海湖,穿越了三江源、可可西里,翻越海拔 5000 多米的唐古拉山口,终点到达朝思暮想的拉萨,一个西藏梦便随着这段神奇的天路逐渐实现。

我乘坐的是下午两点的火车,一大早就起床收拾起了行装,又赶去超市买了一堆食物来为这趟漫长的铁路时光做准备。西宁火车站实在比我想象中好太多了,刚刚翻新过,十分干净。终于等到了发车时间,我迫不及待地往车厢赶,好奇这传说中的青藏线会是什么样子,但结果却没有一点儿新奇,与普通列车并无区别,甚至卧铺之间还要更拥挤一些。我所在的那一截车厢有很多藏族人,后来通过聊天得知他们都是拉萨医院的退休大夫,这次是组团去五台山旅游,后从西宁返回拉萨。

一进入车厢,就听到那首熟悉的《天路》传来,一下子把心情带上了这趟进藏之路,连安放起行李都瞬间有了激情。没多大一会儿,火车便缓缓开动了,这也标志着旅程的开始,带着一颗兴奋又有些紧张的心开往终点拉萨。

火车在行驶了四个小时后,从两汪湖水间穿过,到达了第一站德令哈。这两个湖一个是可鲁克湖另一个是托素湖。湖水的颜色由于水中含盐量的高低造就出一个沉静的绿,一个多情的蓝,而德令

开往拉萨的火车

第五章　西藏

哈的意思则为金色的原野，一路上与戈壁风光相伴，眼前的戈壁滩还是熟悉中的开阔。

过了德令哈，太阳差不多也要落山了，这个点儿可以去餐车吃个晚饭一边欣赏戈壁的日落。十多年没有在火车餐车吃过饭了，这次在青藏铁路上又别有一番心情。晚上打算睡觉时，到达了格尔木站，格尔木是沿途最大的一个站点，停留20多分钟，可以下车走走，再多呼吸几口含氧量充足的空气吧！不过外面十分阴冷，还下起了小雨。格尔木是一个西接新疆，南邻西藏，又距离西宁、敦煌不远的一处地方，自驾游客通常会将它作为一个驿站来计划下一站的行程。

好了，上车后车上的供氧系统已经启动，走廊上的输送管会一直向外喷射氧气，因此一晚上都不会感到不适应。如果还不困就可以一会儿去一下车厢过道间显示当前海拔高度的数据器看一看了，会发现此时海拔在迅速不断增高。

这一夜注定是值得留念的，在梦中我穿过了海拔4900米的风火山冻土隧道，经过了神秘的可可西里无人区，以及世界上海拔最高的唐古拉车站。等到睁开眼时，已来到了西藏境内，窗外是美丽的藏北风光。

一大早，还没完全清醒的我就听到隔壁有一群人在用藏语唱歌，起来才发现原来是那一群藏族阿姨。不知道她们是因为即将到家的兴奋还是每天醒来都习惯了唱上两嗓子，不过唱得还真是不赖，很多游客也被带动起了情绪,一边拍手跟着拍子附和。好欢乐的一个时刻,好令人难忘的这个旅途瞬间。

热情的藏族大妈又从羊皮袋中拿出了藏族人家爱吃的糌粑与大家分享,说这比药还管用,多吃一些到了拉萨就没有高原反应了。我试着尝了一点,实在吃不惯那个味道,就像一直喝不惯酥油茶一样。

列车在中午抵达了拉萨,结束了这段神奇的天路之旅。恰到好处的遥远,也为自己这一天内经历了如此之多的世界之最感到精彩。再听《天路》感慨万千。

一条条巨龙翻山越岭
为雪域高原送来安康
那是一条神奇的天路
带我们走进人间天堂
青稞酒酥油茶会更加香甜
幸福的歌声传遍四方……

雪域之心　拉萨之魂

看到这个标题一定认为是在形容布达拉宫，其实不然，真正到过拉萨的人都知道大昭寺才是这片雪域高原的心中之心，宝中之宝。它是西藏现存最辉煌的吐蕃时期建筑，已有上千年的历史，正是因为大昭寺的建立，才使得拉萨城渐渐发展起来。在藏区有"先有大昭寺，后有拉萨城"的说法。

一路风尘，火车终于到达了拉萨，这个全世界离太阳最近的城市。下了火车，炽烈的阳光把人照得睁不开眼，一副墨镜在这里是必不可少的。客栈老板已经在出站口迎接我了，一见面先献上了洁白的哈达，我们虽都不是藏族人，可到了这里还是入乡随俗来的亲切。

客栈老板是一对儿小夫妻，来之前就已经联络过了。老板娘小雨是位热情的河北大姑娘，十分详尽地给我讲了好多在西藏的注意事项。老板鹏鹏是天津人，一口津腔十足，每次与他聊天都像是在听"天津相声"。前前后后在他们客栈住了一周时间，只要一得空儿就在一起喝茶，据他们说他俩是在尼泊尔认识的，由于志同道合便走到了一起。去了很多地方，最终选定拉萨落脚，开了这家客

20 岁的旅行手记
下一站，会是哪里

栈。客栈是一座两层楼的传统藏式大院，有一个十分拗口的藏语名字——岗嘎朗金。好吧，直到临走我也没能把它给读顺溜了。

从火车站到所住客栈地点八廓街的距离不算远，其实整个拉萨市都挺小的，而对于游客平时所活动的地方也就是八廓街到布达拉

八廓街是拉萨的老街，以大昭寺为中心每天都会有人按顺时针方向在此朝圣，这里也是游客的聚集地

宫这一段街道。之后在拉萨的几天里,每天都会坐着三轮车晒着太阳穿梭于这附近。

　　八廓街是拉萨的老城区,一切都保留着古城的原貌,由手工打磨的石块铺成的街道旁都是传统的藏式建筑,接出的地气儿迅速将心情带到了这里。在客栈安顿好后,便要先去布达拉宫预约第二天参观的门票。因布达拉宫承载能力有限,每日仅接待2300人,所分发的预约卷领完为止,为了能够明日顺利参观,一出客栈便径直向布宫赶去。无论是坐三轮还是出租车,在离布宫还有一段距离时就得停下来接受安检,下车后跟随人流在硕大的布达拉宫广场前行,沿此路走到底就是预约门票的地点,比想象中的人少多了,若是赶上旺季,那可真是一票难求啊!拿着身份证很顺利的就搞定了这一切,心也就放下了,在这附近的藏式餐厅吃了来到拉萨的第一顿饭,没想到藏餐的分量居然这么大,根本吃不完。

　　饭后回到八廓街,顺着转经的人群按顺时针方向漫步游览。两旁是一排排卖文玩的小店,都挂着本店出售"老蜜蜡""老天珠"的标幅。其实现在在藏区这些珍贵的饰品也十分罕见难寻,若是真品也一定价格不菲,如果不懂的人很可能买到假货吃亏上当,所以在购买时一定要辨别仔细。若一定要够买,最好是买些菩提子或是唐卡这种造假性小的东西,并要勇于砍价,以求得最实在的价钱。就算什么都不买,单是在八廓街上走走,看看周围独特的藏式房子,加入到转经的队伍中,也能感受到浓厚的民族气息,不知不觉自己也成了制造人潮漩涡的朝圣的一小份子。这个漩涡的中心，就是藏传佛教的源泉——大昭寺。在离它还有一段距离时，就远远见到这里香火缭绕，金顶覆盖，在阳光下蔚为壮观。走近大昭寺，门前磕长头的信徒众多，他们大多来自四面八方，这样三步一叩首地磕过来的。

"磕长头"是藏传佛教信仰者至诚的礼佛方式之一，朝圣的人在其五体投地的时候，是为"身"敬；同时口中不断念咒，是为"语"敬；心中不断想着佛，是为"意"敬，三者得到了完美统一。他们往往为实现信仰、祈福避灾，行数千里，历数月经年，一路风餐露宿，一步步靠近，用身体一点点丈量过程，异常艰苦。而推动他们克服种种困难，忍受手掌和膝盖都被磨出鲜血的决心是什么呢？我想，是信仰。信仰是什么？很多人解释信仰是心灵的代名词，有了信仰就可以追寻到内心的平静与快乐，即使外界本有诸多厄运险阻。一旦失去了信仰也就抽空了心灵，更没有信心去承受人生的磨难了。在藏族全民信教，与佛祖的距离，与灵魂的距离，正是他们的信仰。通过磕长头的方式来表达对佛祖，对灵魂的敬意，让自己的身体、行动、心灵都归属到了这种纯粹和简单的礼佛之上了。

为什么他们要千里迢迢来到大昭寺前磕长头呢？这正是因为寺内供奉有一尊释迦牟尼佛12岁等身像，是当年佛祖亲自开光。时至今日，见到此尊佛像就等同于见到佛祖一样，门前磕长头的人所拜方向正是对着这尊金身佛像，便能解释大昭寺如此重要的原因了。

第五章 西藏

绕着大昭寺磕长头的朝圣者

我在大昭寺门前

参观大昭寺内部时在门口请了一名藏族导游,对寺内进行了更详尽的讲解。话说这尊拉萨之宝其实是与内地密不可分的,它是文成公主进藏时从东土大唐一同带进西藏的,最初供奉在不远处的小昭寺里,后因唐朝与吐蕃交恶,有了唐朝欲派兵来藏夺取佛像的谣传,于是佛像被藏于大昭寺内。直到金城公主进藏后才取出此像,并正式供奉于大昭寺。而大昭寺原本供奉的是一尊尼泊尔尺尊公主嫁于松赞干布时所带来的释迦牟尼佛8岁等身像,后被毁坏掉了。大昭寺与小昭寺也是当年为文成公主与尺尊公主所修建的。从它们分别的朝向就可以看出,大昭寺坐东朝西,面向西边的尼泊尔。小昭寺坐西朝东,面向东土大唐,但经过时间的推移,不知从何时起,大昭寺的主角却变成了文成公主。原本的面积也没有这么大,是在五世至八世达赖期间不断扩建,使得它格局面积增加了十倍,并成为西藏举行重大佛教活动的中心。

在大昭寺里,走起路来会觉得地上黏黏的,长年不灭的酥油灯把地面和墙壁都熏得油乎乎的,每日仍有信徒提着酥油前来为它添油,这和内地佛寺的进香是一个道理。每座佛像前堆满了功德钱,倘若需要换零钱,只需要拿出100元纸币放下,找去9张10元的,10元的则找去9张一元的,依此类推,这一举动是没有人去监督的,有这么多双佛的眼睛盯着,想必也没有人敢要花招。

导游告诉我,大昭寺之所以信徒众多,还有一个原因就是它是藏传佛教的总体。稍微了解一些的人应该都知道"藏传佛教"是个

大昭寺金顶

统称，底下又分成了宁玛、萨迦、噶当、噶举、格鲁五个分教，而大昭寺正是这五教合一的地方。

在主殿终于看到了这尊镇寺之宝，周围聚满了念经的僧人与祈福的朝圣者。到此游客也都会双手合十，鞠躬或叩首表示尊重。信徒会不断为等身像贴金，因此它看上去很新且金光闪闪，一点也看不出是2000多年前的文物。

第五章 西藏

最后一站来到了大昭寺金顶,可以俯览整个广场,遥望远处是布达拉宫。寺顶的吉祥双鹿法轮和金山羊像在阳光下格外耀眼。相传这只金山羊是神的特使,它被派去寻找建立圣城的地方,最终选定在了今天的大昭寺,这才使松赞干布把拉萨作为圣地,成为人们世世代代所追求的一片土地。走下平台,下面磕长头的人还在继续,就这样为了信仰默默虔诚,生生不息……

大昭寺前磕长头的芸芸众生

梦想的地方一定会到达

1300年前在红山顶上,一座世界上海拔最高的宫殿同雪域的太阳一起冉冉升起,它的建成标志着西藏的统一。300多年前,一个不远万里来到北京受到清朝皇帝册封的达赖喇嘛又将它扩充修建,形成了今天蔚为壮观的规模。它就是西藏的标志——布达拉宫,

布达拉宫广场

千百年来政教合一的中心。如今在它顶端插得是一把在日光城上空徐徐飘扬的五星红旗。

"布达拉"是梵语"普陀"圣地之意,在拉萨高一点的地方总能看到它的身影,整座拉萨市是不能有一栋楼的高度超过布达拉宫的。宫殿主楼共 13 层,主体建筑分为红宫和白宫,红宫居中,白宫横贯两翼。右边是喇嘛们每天学习经文的地方,左边是僧舍。而红宫则为历代达赖喇嘛的灵塔殿,共存放了从五世到十三世达赖的八座灵塔,独缺六世。

顶着上午的烈日,提前来到了布达拉宫广场前,在经过层层安检后,终于来到了布达拉宫的主楼,触摸到古老的白墙,顿时有种穿越时空的感觉。山脚下引人注目的是为五世达赖喇嘛所立的无字碑,寓意他一生功绩无数,是无法用文字所记载的。确实也如此,现在我们所看到的布达拉宫就是由他带领修建,原先松赞干布建造时,因建在红山之上,被称为红山宫殿。1000 年后,西藏宗教领袖五世达赖在这座百废待兴的红山宫殿上重修殿堂,才有了今天的面貌。五世达赖喇嘛自称是观世音菩萨的化身,故开始称这座宫殿为布达拉宫。

顺着台阶爬了好久才看到白宫的大门,经过购票与再一次的安检后便开始了正式的参观。游览布达拉宫可真是个体力活,先是在烈日当空下爬山,好不容易进入殿内后又是一节节狭长的楼梯,就在这样的上上下下中去感受它的历史。没来之前在历史书中了解到,布达拉宫是藏王松赞干布为迎娶文成公主而建的，后来松赞干布离世后，文成公主又独自在这里生活了 30 年。可真正到了这里才发现当年吐蕃时期的宫殿已难觅踪迹，只有供奉松赞干布与文成公主塑像的法王洞是唯一一处能证明他们的痕迹。

对于不甚了解的我在游览一周后，印象最深刻的当属历代达赖喇嘛圆寂后所建造的灵塔。塔身均以黄金包裹，玉石镶嵌，金光闪耀。功德无量的五世达赖喇嘛灵塔最为奢华壮观，大块的绿松石、红珊瑚、蜜蜡、宝石镶满了塔身，据说十三世达赖的灵塔比起五世有过之而无不及，只是当前并未对外开放，无缘欣赏到了。

在布达拉宫上千个殿堂里，一尊镀金观音立像是这里的主供佛，周围往往聚满了大批朝圣者。僧人们会把供奉过观音的茶水倒在信徒、游客手心里，喝了以求平安。品尝了这货真价实的圣水，便开始边参观边往另一侧下山的路走。藏族导游每到一处供奉有达赖喇嘛袈裟的宝座，就会停下来闭上眼睛默默祈祷，看得出活佛在藏民心中的分量，这是与生俱来的信仰，要用一生去为它守候。

几个钟头在庞大的布达拉宫建筑群转瞬即逝，准备下山时才感到异常疲惫。在山顶小憩一下看看对面药王山上飘的云彩，感觉和它们此刻是平行的。回想刚才参观的种种，首先很庆幸布达拉宫在一次次历史变迁中保存的如此完好，仅是这点就很难能可贵了。它外观宏伟壮观，内藏异宝奇珍，使人服于其内外兼修。

布达拉宫，千百年以庄严之姿傲立在雪域之上，如同喜马拉雅

第五章 西藏

　　不经意发现一面壁画似曾相识,它是五世达赖进京受到顺治皇帝册封的绘制图。是当时西藏与内地历史性的一刻,证明了这里自古就是中国不可分割的领土

201

20 岁的旅行手记
下一站，会是哪里

我在烈日当空下攀登布达拉宫

第五章 西藏

布达拉宫外墙

山一样令人向往。或许它是人一生只会登上一次的殿堂，但完成了最初的梦想，到达了最想要去的地方，才能够算到过了天堂。

布达拉宫对面的药王山

羊卓雍错　神湖之灵

"天上的仙境，人间的羊卓；天上的繁星，湖畔的牛羊"。这是藏区对三大圣湖之一羊卓雍错的形容。比起其他两大圣湖纳木错与玛旁雍错，羊湖算是最容易到达的，在距离拉萨市 70 多公里的群山之间，静静流淌。

伴着拉萨清晨的丝丝寒意，开始了今天的羊湖之旅。路程不远，却要经过一段盘山公路，九曲十八弯，终于翻越了岗巴拉山口，一片湖水出现在了眼前。第一眼见到羊湖我更觉得它像一条河，在山坳间流过，可它却没有出水口，水源来自于四周的雪山，是一个典型的高原堰塞湖。湖面平静无

羊湖岸边的牦牛

澜，在阳光下如梦如幻，这是我在西藏见过最美的一处地方，它的狭长纤细很难让人相信这是一个生长在高原的湖泊，反而有种江南水乡的幽柔之美。

站在湖畔，天空中的白云就在眼前飘过，湖水碧蓝清澈泛着微波，犹如置身人间仙境，拿出相机随手一拍就是一个风景。山顶风很大，但羊湖却是一副波澜不惊的样子，温婉的缠绕在这群山之间，躲避了世俗的喧闹。

海拔4400米的高度使得这里空气特别清新，即使是刮风也感觉不到一丝灰尘。得天独厚的位置加上它在藏民心中的地位，使得它从未受到过任何污染，永远是高原山地间的一条玉带。

此次西藏之行，羊湖虽是逗留时间最短的一站，却带来了最美的景象。天空、湖水所构成的美景画卷必会令到来的每一个人永生难忘。它是当之无愧的神湖之灵，羊卓雍错。

羊湖风光

犹如仙境的羊卓雍错

艰辛，纳木错

没来之前，听说过这里很美。傍晚看看雪山下圣湖的日落，夜晚走出房门去数数满天繁星，再起个早跑去湖边观个日出。是不是光是听起来就迫不及待要到纳木错去住一夜了？但真正来到这里才知道这面"高原魔镜"的瞬息万变和这一夜的艰辛。

午饭后从拉萨出发，去挑战本次旅行中最高的海拔——4800米的纳木错，此时拉萨的日光已将气温照射到了20多度，出发前，

那根拉山口

我还是穿上了两层衣服并带上了羽绒服,因为一过那曲,任何天气变化都是说不准的。事实也的确如此,200多公里的路程随着海拔上升越靠近纳木错就越觉得寒冷,尤其是行驶到念青唐古拉山时,车窗外已可以看到山顶的积雪了。这里海拔5000米左右,山峰终年白雪皑皑,云雾缭绕,连阳光也是时有时无,若隐若现。

到了念青唐古拉山距离纳木错就不远了,但同时道路也变得难走了许多。绵延数百里都是山形陡峭,巍峨峥嵘的山峰,难怪称作是草原众山的守护神,高高矗立在雪山、草原、峡谷之间。也在吸引着成千上万的朝圣者到此前来朝拜。汽车在一个叫作"那根拉山口"的地方作了停留。此时已到了海拔5000多米的地段,寒风刺骨,山间铺满积雪,能够到此朝圣的信徒必然实属不易。

山口石碑上那首诗便是对他们最好的诠释:

那一年

磕长头匍匐在山路

不为觐见

只见贴着你的温暖

那一世

转山转水转佛塔

不为修来生

只为途中与你相见

——仓央嘉措

20 岁的旅行手记
下一站，会是哪里

　　站在山间向下望去，一面是连绵起伏的山峰，一眼望不到尽头。另一面是广漠的藏北羌塘草原，视野前所未有的开阔，过了这个山口，往下一点在一片草甸前方，看到了纳木错的真容。湖水前黑白相间的牦

纳木错风光

牛多到数不清。它们与生活在这里的牧民一样，在如此严酷的高海拔环境下顽强地生存着。

纳木错是藏区第一大湖，湖中有五个半岛，佛教徒认为它们是五方佛的化身。扎西半岛面积最大，位于湖的东侧，像是从湖岸伸入湖中的一只拳头，它虽是游客来此唯一能够入住的地方，却依旧保持着原始的生态，岛上怪石嶙峋，峰林遍布。

纳木错湖岸

第五章 西藏

很难想象纳木错景区经过了这么多年来的旅游开发，可整个景区还是没有一栋楼房，牧民仍是住在湖旁草甸上的木屋，游客也只能住在活动板搭起的房子内。走进这里规模最大的一家客栈，热情的藏族老板急忙端上一杯热腾腾的酥油茶，虽然是仍降不住这个味道，但还是喝了几大口暖暖身子。这里实在太冷了，看见吹着暖风的空调就像见到了救世主，站在大厅的空调下面简直不愿挪身。不过好在这家客栈有标间与电热毯，而且晚上不会断电，不要小看这些，这可是这里所有客栈里最奢华的专利了。

即使门外冷风飕飕，还是把自己包裹严实来到了湖边，这次见到的湖水呈现出天蓝色，水天相融，与对岸连绵的雪山浑然一体。和羊湖的景色大相径庭，一个温文尔雅，一个粗犷豪迈，尽显高原湖泊的壮观霸气。三大圣湖两天之内已见其二，不知道远在阿里的玛旁雍错会不会又是别具一番景象。

高原地区的日落是很晚的，绕着湖岸大概转了一个多小时后，到了晚上9点多才等到它的日落。整个过程倒是挺快，不经意间夕阳已把湖水照的霞光闪烁。对岸的雪山也仿佛在山顶冒出了一层金光。连同湖水一道形成独特的画面。湖对岸会有一些当地牧民从怀里掏出一些饰品向游客推销，这些东西很明显是假的，不过若是不购买也不必与他们发生争执，想想他们一生都生活在这么艰苦的地方，一切都是不

夕阳下的纳木错

20 岁的旅行手记
下一站，会是哪里

容易的。

回到房间，客栈的卓玛为我掂来了壶热水，房间内供洗漱的用品仅是一个盆子。纳木错是一个咸水湖，最近也要从十公里以外运来淡水，只得将就一下了。我出门前把电热毯打开，床上还算有些温度，又将矿泉水瓶倒满热水抱在怀里，裹上被子躺下了。外面野狗一声声叫个不停，当晚也不敢关灯了，就打算这样渡过旅行中最艰苦的一夜。

到了夜晚走出房门就是伸手不见五指的黑夜，根本无法走远，而且那一夜由于天气原因并没有看到星星，气温应该已经降到了0度以下，地上泼出去的水都结了一层薄冰，还是赶紧锁好房门睡觉吧。来之前特地买了几罐氧气以备不时之需，可到了晚上仍旧像在拉萨一样没有一点儿高原反应的意思。看来我和传说中的高原反应还真是一对绝缘体啊。

就这样竟然直接睡到了天亮，想去湖边看个日出，可推开房门的一刹那把我惊住了，鹅毛般的雪花洋洋洒洒，已积了半尺多厚，看来是下了一夜了，怪不得后来听不见狗叫声了。一切银装素裹，在五月又回到了寒冬，高原气候虽多变，但这夏季的一场大雪仍令人始料未及。顶着雪花飘零再一次来到湖边，湖面上升腾起了一层白雾，湖水少了蓝天的映衬也露出了它原本的颜色，对岸的雪山已消失了踪影，这短短一夜再见好像是到了两处地方。

虽然此次没能欣赏到日出，可一场突如其来的雪景却是一个更

第五章 西藏

一群牦牛在清晨的一场雪后

大的惊喜。雪渐渐下小了,也开始了返程,两旁的草原变成了白茫茫一片,一头头牦牛缓缓走过,这就是纳木错,一颗镶在羌塘草原上的巨大蓝宝石,壮美且真实不虚。但它留给我的并不是众人口中的美景,而是美景下的艰辛。可能正是这份原生态才一直吸引着八方游人前来体验这份艰辛,挑战它的环境,而这种心情是任何风景之下都不能比拟的感触。

一栋黄房子

在神秘的拉萨古城,隐匿着一处有故事的地方,它是八廓街民房中唯一一栋黄色的房子。藏族人崇尚白色,传统建筑均以白色调为主,而黄色在藏区只有活佛居所才能使用,而一间小酒馆怎能承受得起这黄色呢?那还要从历代的达赖喇嘛中最具风情的这一位说起。

临走的前一天,来到了这栋黄房子,它有一个好听的名字——

玛吉阿米餐吧

玛吉阿米，现在是一家餐吧。前些天路过这里总是恰逢饭点座无虚席。今天下午刚刚下了场短促的雨，终于有了位置，在三楼平台的窗边落座，空气中还弥漫着雨后的湿润，拉开窗帘朝圣的人们已顾不得路面的湿滑又继续上路了。翻开玛吉阿米的菜单，注意力一下被吸引了过去，不是由于上面的食物，而是看到了这样一个故事：

  大约在 300 年前的某个星空月色下，坐落在古城拉萨八廓街东南角的一幢藏式酒馆里，来了一位神秘的人物。他看似普通，却是一个不寻常的人。恰巧这时，一位月亮般纯美的少女不期而至，她那美丽的容颜和神情深深地烙在了这位神秘人物的心里和梦里。从此，他常常光顾这家酒馆，期待着与这位月亮少女的重逢。遗憾的是，这位月亮少女再也没有出现过。

> 在那东方高高山尖
> 每当升起那明月皎颜
> 玛吉阿米醉人的笑脸
> 就冉冉浮现在我心田

  这首在西藏人人都能吟诵的诗句，据说是那位神秘人物为追忆月亮少女而抒发的情怀。那位神秘人物，原来是西藏六世达赖喇嘛——仓央嘉措。

  当年仓央嘉措与月亮少女相遇的那座藏式酒馆，如今仍旧坐落在拉萨八廓街的东南角上。它现在是一家叫作"玛吉阿米"的餐吧，借以纪念仓央嘉措和他那浪漫的传说。

20 岁的旅行手记
下一站，会是哪里

玛吉阿米菜单

"玛吉阿米"传奇的历史典故就是这样发生的。它将在每一位过客的心里，烙上久久的"美丽遗梦"……

简短的几段话，寥寥的几句诗，却把我完全带入了那个意境。特别好奇这究竟是怎样一位达赖。在我印象里，活佛不是应该整日端坐高堂，诵经弘法，或是行走人间普度世人吗？怎么可能和浪漫爱情挂的上边儿，还留下了这样一段凄美的故事，让人心生惋惜。之前对达赖喇嘛的历史了解不多，只知道六世达赖好像犯了什么错，最后死在了青海湖。因此，布达拉宫从五世修建后直到十三世，中间独缺他的灵塔。

带着这一系列疑问,吃罢饭便开始了一连串的资料搜寻,终于为我心中这位神秘人物揭开了面纱。仓央嘉措生于山南错那门域,父亲是一位贫穷善良的宁玛派教徒。他两岁时被选定为五世达赖喇嘛的转世灵童,安置于巴桑寺开始学习佛法。14岁公开活佛身份,并成为名义上西藏地区的政教领袖。看似这一切顺风顺水,能够有幸成为第六世达赖喇嘛是多么难能可贵啊。可这一切也都是在完全被动的情况下发生的,从出生起就注定了这一生的命运,甚至失去了普通人的自由。最后又在历史的变革下,被推上了浪尖,在押解途中,圆寂于青海湖畔。也有人说他是神秘遁走,后到各方游历弘法,于64岁病死在了蒙古阿拉善旗。我倒宁可相信是后者,纵观仓央嘉措一生,前半生被束缚缠绕,倘若真有下半生,虽失去了六世达赖这个光环,但挣脱了这把枷锁。潇潇洒洒追求他向往的自由吧!

如今,昔日情人邂逅的玛吉阿米早已人去楼空。重新迎来的是一波波被这段故事吸引而来的游客。夜晚,借着皎洁月光又来到此处,仰首猛喝下一罐啤酒,淡然或恍惚间,脑海里又浮现出这段美丽遗梦。晚风吹过,消散了酒劲,转身看看楼下还在朝圣的芸芸众生,仿佛一下明白了带给仓央嘉措的枷锁是什么。

20 岁的旅行手记
下一站，会是哪里

色拉寺的僧人们

　　今天是在拉萨的最后一天了，客栈老板建议我可以去拉萨几个著名的寺庙逛一下，来到这里不就是为了感受高原风景和藏传佛教嘛。布达拉宫与大昭寺都去过了，在剩下的几个寺庙中选择了以"辩经"出名的色拉寺。

　　色拉寺在拉萨北郊色拉乌孜山下，离市区很近，来到这里发现离下午辩经的时间还早。便在寺院内随便逛逛。几个殿如其他藏传佛教的殿堂一样，供奉着各种活佛菩萨。按照顺时针方向不一会儿就到了它的大殿，一大群僧人正盘腿坐在一排排垫子上打坐念经，他们闭着眼睛全神贯注。虽然我还是对这种环境很抗拒，但这一次努力克服了自己，也坐在了一旁的垫子上闭上眼睛"享受"着闻不惯的酥油味道，听他们诵经。

　　不知为何他们瞬间都带上了"黄教"格鲁派标志性的黄色高帽子，把整个大殿的诵经气氛提升到了高潮。经过这一轮的诵经，全场突然安静了下来。只见每一排出现一个提着木桶的僧人，木桶里是一些黏稠的米汤。原来开饭的时间到了，这时每位僧人从僧袍中掏出一个钵盂，端在跟前等着施饭的僧人一个个盛给他们。施完了饭后，再给每

拉萨·色拉寺

人盛上一点青菜,就这样青菜泡着米汤就是一顿斋饭午餐。不过说起他们吃饭的方式确实让我不能接受,直接用手捞起来往嘴里送。他们会以最快的速度吃到一粒米都不剩,然后再从衣中取出一个布兜,用它把钵盂擦得干干净净,再连同布兜一起塞进衣中,以便化斋之用。

这一切都完成后,一众僧人缓缓起身去门外穿鞋,然后依次往后

20 岁的旅行手记
下一站，会是哪里

全神贯注辩经的僧人们

院走去。一些年老的被人搀扶着走在最后面，看到此景心里不由得一阵酸楚。他们从小礼佛，就这样年复一年的在寺庙里生活了一辈子，可能到了这个年纪仍未参透。在我们常人看来一定会认为这样的一生很无聊，连外面的花花世界都没能去感受一下，值得吗？或许这个问题没人能够解答，他们终日这样探寻佛理也是一种存在，归根结底还是那两个字——信仰。

辩经终于要开始了，此时后院已围上了一圈游客，很多是外国人，不过大家都只是看个热闹罢了，因为压根听不懂他们在说什么，只能看得出言辞很激烈，动作很夸张。有的坐在自己的卡垫上，有的则站着发问。站着的会击掌催促对方尽快回答问题，坐着的一般则不慌不忙，拉动佛珠借助佛的力量来战胜对方。

双方还在你来我往，只是看个新鲜的我已经离开了色拉寺。这是这趟旅行中游览的最后一处寺庙，相比以往，它更反映出寺中僧人们的生活，原原本本，一切如常。

别了，雪域高原

清晨，当飞机从贡嘎机场起飞时，我再一次忍不住望了望窗外。拉萨，我心中的一片圣地，一切还是印象中的样子。

直到临别之时，我才明白有的人一生为什么要反复来这个地方。我想意义并不在于你在这里参拜了多少的佛像，添了多少斤酥油。也不是为了非要去看上一眼布达拉宫。很多人看到朋友在西藏拍的照片总是在公路上指着一块块做有海拔标记的石碑，原来我也感到很俗气，但真正走过那段路，接近不断升高的海拔时，那种想强烈证明自己的心情是无法掩饰的。人一生也总想着往高处前进，就像在西藏一次次攀向高海拔处，刷新自己在每一制高点的记录。或许多年以后，当时的残酷环境与高原反应已不足挂齿，战胜自己所取得的成就才弥足珍贵。

我想若干年后倘若有机会重新来过，我会选择最难挑战的"新藏线"，品味这段原生态上的"一错再错"。最后再一次来到布达拉宫，我不会选择再上去，拿出今年与它的合照和将来做个对比，回顾年少之时那个梦想到达的地方。

西藏，一个具有情结的地方，总有一种神秘力量牵引着世人来到

第五章 西藏

拉萨·八廓街

这里。但真正是被它的哪点所吸引，那每个人心中一定会有不太相同的答案。如果这个问题问到我，我会说就是那份神秘。这份神秘是亿万年沧海桑田变迁而出的雪域高原；是大自然神工鬼斧下的神湖美景；是千百年来历史见证的民族信仰。

每天，太阳第一道光照在布达拉宫的金顶。傍晚，夕阳的余晖洒在大昭寺前磕长头的身影。别了，雪域高原。想说声再见又不知何时再见。

2015年5月26日，我从拉萨顺利抵达了"山城"重庆，时隔多日终于又回到了平原地区。这里的天灰蒙蒙的，空气中带着一丝沉闷。晚上乘坐两江游轮欣赏了一下山城的夜景，江风吹得怡人，万家灯火，交相辉映。现在在酒店的书灯下写下这篇西藏后记。我把窗帘拉得紧密，明天睡到自然醒再在重庆逛一逛，后天就要回家了，也不知下次旅行会是什么时候。但我认为何时有了目标，那路便在脚下了！晚安，重庆。

第五章 西藏

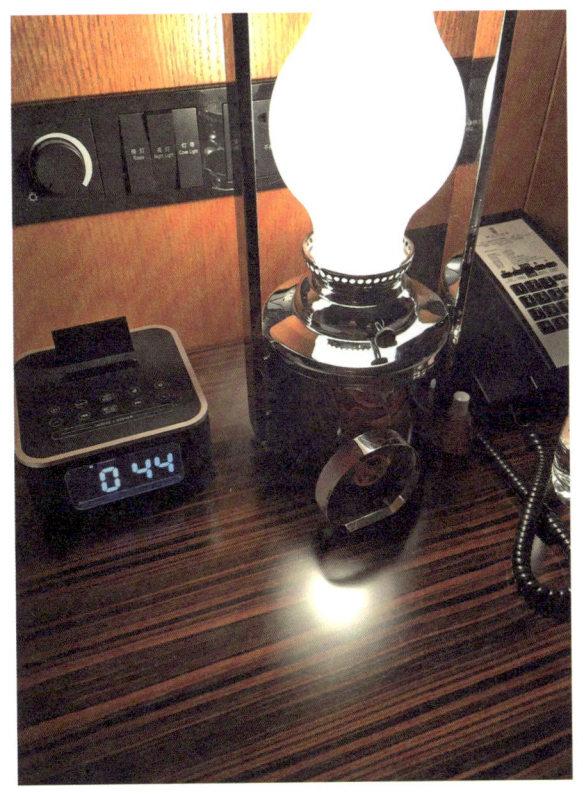

酒店的书灯下

20 岁的旅行手记
下一站，会是哪里

厦门·环岛路

后 记

  至此,走过了这些路的我已不再将旅行仅仅看作是一种娱乐,它更像人生中的一剂调味,在这段时期改变了往日一成不变的生活。

  在旅行中要认真抓住时机去享受每一个过程,顺应这座城市节奏。若是作为一名"吃货",也一定要品尝到当地的美食特色。传统的手艺,本地的水土,不管是到了哪里都做不出当地的味道。

  珍惜沿途的风景,有些地方这一生很可能只会来过一次,挥手既是永别。对于印象美好的地方一定是会再去的。下次再来到时说不定身边的同伴已经换了,也或许不再是一个人的旅行,也没有了当年的年纪。到时那种旧地重游的感情变化一定会是微妙的。

  每结束完一趟旅行,我都花费半个月左右将这段经历整理、记录下来。这个过程会把整段旅行从新在脑海中过上一遍。回忆起当时的点点滴滴,在深夜的台灯下又午夜梦回那个地方。

  下一站,会是哪里?

2015 年 11 月 1 日

黄天遥

图书在版编目（CIP）数据

20岁的旅行手记/黄天遥著.—郑州：中州古籍出版社，2016.3

ISBN 978-7-5348-6012-6

Ⅰ.①2… Ⅱ.①黄… Ⅲ.①旅游指南—中国 Ⅳ.①K928.9

中国版本图书馆CIP数据核字（2016）第055288号

20岁的旅行手记

责任编辑：赵瑜心
责任校对：烊　烊
出 版 社：中州古籍出版社
　　　　　（地址：郑州市经五路66号　邮政编码：450002）
发行单位：新华书店
承印单位：郑州新海岸电脑彩色制印有限公司
开　　本：889 mm×1194 mm 1/32
印　　张：7.5
字　　数：80千字
印　　数：1-1500册
版　　次：2016年3月第1版
印　　次：2016年3月第1次印刷
定　　价：36.80元

本书如有印装质量问题，由承印厂负责调换。